KB016037

노아와 슈바르츠와 쿠로와 현

노아와 슈바르츠와 쿠로와 현

김영글

검정에 관해 줄곧 생각하면서 한 무더기의 시간을 통과했다.
안팎으로 춥고 어두운 시간이었다.

이 책은 검정이라는 단어 하나가 불러낸 여러 장면들로 이루어져 있다. 그 장면이 나에게 속하는 것이든 아니든, 모두 동등하게 다루며 기록했다. 하나의 집을 짓는 대신에 통로 비슷한 것을 여러 개 만들어보려고 노력했다. 그것이 입구와 출구를 온전히 갖춘 통로인지는 모르겠다. 하지만 책을 읽는 다른 누군가에게도 길 잃어볼 만한 어둠이라면 좋겠다.

2021년 가을

김영글

해발 3210미터까지 올라갔을 무렵, 에리카 지몬과 헬무트 지몬은 걸음을 멈추었다. 비스듬한 빙벽 아래 두 개의 바위틈에서 무언가를 발견했기 때문이다. 눈에 반쯤 묻힌 미지의 사물이 측면에 햇빛을 받아 반짝이고 있었다. 그것이 딱딱하게 얼어붙은 한 구의 시체라는 사실을 이해한 순간, 부부는 화들짝 놀라 물러났다. 그들은 이 불행한 등산객이 도대체 며칠 동안이나 시말라운 산의 얼음 속에 파묻혀 있었을까 생각하며 안타까운 마음을 감추지 못했다. 알프스에서 흔한 일이기는 했다. 눈보라가 잡히지 않을 때면 며칠이고 몇 달이고 수색이 불가능해, 이듬해 봄볕에 얼음이 녹을 무렵에야 실종자가 발견되는 경우도 있었다.

다행이라고 해야 할까 불행이라고 해야 할까. 시체는 햇빛의 영향을 오래 받지 않는 얼음 둔덕들 사이에 놓여 있었기 때문에 아직 썩지 않았다. 꽁꽁 언 채로 미라처럼 보존된 상태였다. 몸의 대부분이 파묻혀 있어 정확히 파악하기는 어려웠지만, 거무튀튀하게 쪼그라든 형체를 보면 상당히 오래된 시신으로 보였다. 구조 신고를 마친 남편이 말했다. 가끔은 1차 세계대전 중에 낙오되었던 병사로 판정되기도 한대. 에리카 지몬은 시체에서 눈을 떼지 못한 채 혼잣말하듯 물었다. 그럼 백 년 동안이나? 상상만 해도 끔찍했다. 그토록 무수한 낮과 밤이 교대하는 동안 홀로 얼음 속에 갇혀 있었다니. 뼈를 으스러뜨릴 듯 매서운 추위와 눈보라, 그리고 그 추위를 느낄 수조차 없는 죽음 후의 기나긴 시간을 떠올리자 몸서리가 쳐졌다. 그녀는 조용히 신의 이름을 불렀다.

그러나 이 냉동인간이 얼음 속에서 보낸 시간은 에리카 지몬의 상상과는 비교도 할 수 없으리만치 긴 것이었음이 곧 밝혀졌다. 시신을 발굴하는 동안 얼음 속에서 화살과 도끼가 함께 나타난 것이다. 시신의 뼈와 근육에서 DNA를 추출해 탄소연대를 측정하자, 신석기시대와 청동기시대 사이라는 결과가 나왔다. 무려 5300년 전 사람이었던 것이다. 까마득한 과거로부터 세상에 모습을 드러낸 이 냉동 미라는 발굴된 외츠탈 계곡에서 이름을 따 외치(Oetzi)라고 불리게 되었다. 1991년의 일이었다. ↵

외치의 후손들은 그를 다시 냉동 상태로 보관하기 시작했다. 시체의 일부는 야생동물에게 뜯어 먹혀 손상된 상태였지만, 현대의학과 고고학 그리고 20세기 광학기술의 눈부신 발달 덕분에 세상은 외치에 관한 많은 것을 알 수 있었다. 사망 당시 나이는 45세 내지 46세였다. 그 시절의 짧은 수명을 감안하면 꽤나 장수한 셈이었다. 160센티미터 키에다 몸무게는 50킬로그램, 그에 걸맞은 유럽인의 평균 발 사이즈, 곱슬머리와 수염과 갈색 눈에, 혈액형은 O형이었다. 그는 피하지방이 거의 없는 탄탄하고 건장한 체형의 소유자였다. 유당불내증이 있었으나 상당한 양의 야생염소와 붉은사슴 고기를 한 끼에 먹어치우는 대식가였고, 고관절과 무릎 연골의 손상이 크다는 사실에서 무언가를 늘 짊어지고 다니는 사람이었다는 점도 유추할 수 있었다. 외출할 때면 염소 가죽으로 된 정강이 보호대에 곰 가죽 모자를 쓰고, 뼈에 구리 날을 묶어 만든 도끼와 돌화살촉을 들고 나섰다. 심각한 수준은 아니지만 라임병을 유발하는 보렐리아 박테리아에 감염되어 있었다는 사실도 밝혀졌다. 사람들이 왈가왈부했던 죽음의 결정적 원인도 짐작할 수 있었다. 엑스레이와 CT 촬영 결과 왼쪽 어깨 뒤에 돌화살촉이 박힌 흔적이 드러난 것이다.

다시 20여 년 세월이 흘렀다. 고고학자와 유전학자들은 첨단기술이 발명될 때마다 이 나이 많은 미라 친구를 찾아갔다. 이런저런 실험과 함께 새로운 정보가 추가되었다. 외치가 발견될 당시에는 존재하지 않았던 비침습성 다분광 촬영기술로 피부를 스캔하자, 육안으로 확인되지 않던 수많은 얼룩이 드러났다. 손목에서부터 등, 무릎 뒤, 종아리 그리고 발목에 걸쳐 총 예순한 개의 검은 점과 선이 나타났다. 문신. 지금까지 세상에서 발견된 것 중 가장 오래된 문신이 모습을 드러낸 순간이었다.

외치의 문신은 검은 점이나 선의 형태를 띤 단순한 무늬들인데, 피부에 작은 흠집을 내고 재나 검댕을 문질러 새겨 넣은 것이었다. 대부분 옷으로 덮여 타인의 눈에 보이지 않을 만한 곳에 위치해 있었다. 그러니 장식적인 성격의 문신은 아닌 게 틀림없었다. 마치 동굴 속 깊은 곳에서 오직 제의를 위해서만 그려진 소 그림처럼, 검은 선들과 점들은 겹쳐져 서로를 뒤덮어도 무방했다. 믿을 만한 유수의 연구들이 외치의 문신을 침술의 초기 형태로 간주했다. 타박상이나 신경통과 같은 통증을 완화하기 위한 것이었다는 해석이다. 무표정한 점들과 선들. 이것들의 진정한 의미를 짐작하기란 쉽지 않다. 분명한 것은, 그게 무엇이건 특정한 목적을 지니고서 아주 공들여 새겨졌다는 사실뿐이다.

외치의 정체에 관해서는 학계의 의견이 분분했다. 활과 도끼는 그가 사냥꾼이었으리라는 추측에 힘을 실었다. 혹자는 그가 부족의 지도자였을 가능성을 제기했다. 어쩌면 무리 사이의 무역을 도맡은 자이거나 무당이었을지도 몰랐다. 21세기의 인간들은 얼음 속에 박제된 그의 피로한 육신으로부터 너무나도 많은 정보를 얻었다. 하지만 정보들을 미주알고주알 알려준 것이 외치 자신은 아니었다. 역사를 발굴하는 지난한 과정에서 정체를 노골적으로 드러내는 것은 발굴된 무언가가 아니라 그것을 읽는 사람의 눈 쪽이다. 그러므로 확신도 불신도 언제나 읽는 자들의 몫인 것이다. ↵

외치가 묻혀 있던 자리에는 이제 돌탑이 하나 서 있다. 희대의 고고학적 발견을 기념하기 위해 제작된 기념탑이다. 선사시대의 연표가 몇 차례 바뀌는 동안 광막한 고독 속에 파묻혀 있던 미라는 무

덤에서 빠져나온 뒤에야 비석을 가지게 되었다. 사각뿔 형태의 비석 각 면에는 영어, 독일어, 이탈리아어, 프랑스어로 다음과 같은 내용의 글귀가 새겨져 있다.

이탈리아 남 티롤
볼차노 현 세날레스 시
티젠조흐 해발고도 3210미터
시밀라운의 사나이
이곳에서 북동쪽 방향으로 70미터 위치에서 발견되다
발견일: 1991년 9월 19일
추정 연령: 5300세

만년필

장례를 마친 지 4년이 지났는데 현을 떠올리게 하는 물건이 계속 나왔다. 청소를 하다가, 예전에 쓰던 가방의 안쪽 주머니를 뒤적이다가 보면, 미처 정리하지 못한 추억이 하나씩 튀어나왔다. 기억은 뇌가 아니라 사물에 저장되는 것만 같다. 오늘은 작은 방 서랍 제일 아래 칸에서 만년필이 나왔다. 오래전에 내가 현에게 사준 것이었다.

이걸로 좋은 글 많이 써.

현은 소설을 써보겠다고, 몇 년 내로 첫 장편소설을 완성해서 보여주겠다고 했다.

네가 책을 내면 프로필 사진은 내가 찍어줄게.

현은 장난스럽게 사선으로 틀어 앉으며 드물게 밝은 미소를 지어 보였다.

서로 지키지 못할 약속을 많이도 했네. 나도 모르게 혼잣말이 튀어나왔다. 철 지난 유행가 가사 같았다. 문득 엄마가 개털 얘기를 했던 것이 떠올랐다. 어릴 때 집에서 키운 개는 체구가 작은 검정색 잡종이었는데, 사냥견의 피가 아주 조금 섞여 있다고 했다. 아주 영리하고, 단모종 특유의 빳빳하고 굵은 털이 바늘처럼 반들반들 빛나는 아이였다. 내가 중학교에 들어갈 무렵 개는 큰길에서 트럭에 치여 죽었다. 친척네 시골 농장에 개를 보내줬다는 뻔한 거짓말에 속아서 나와 누나는 한참 뒤에야 개가 죽었다는 사실을 알았다. 엄마는 개가 없어진 지 몇 년이 지난 후에도 이따금 집에서 그 녀석의 털이 나왔노라 말하곤 했다.

그게 희한하더라니까. 빨래 갤 때나 이불 꺼낼 때 보면 이상하게 하나씩 툭툭 박혀 있는 거야. 아무리 치우고 빨아도 꼭 하나씩. ↵

그래서 싫었어? ↵

싫기는. 그냥 그랬다는 거지.

나는 잠시 기억 속을 헤집어보았지만 개의 얼굴이 또렷이 기억나지 않았다. 개의 얼굴을 그려보려고, 아니면 개의 이름이라도 한번 써보려고, 손에 잡히는 대로 옆에 있는 배달 전단지를 뒤집어 만년필을 그어보았다. 그러나 너무 오랫동안 뚜껑이 닫혀 있어 잉크가 굳었는지 선은 제대로 그어지지 않았다. 종이에는 날카로운 펜촉이 긁은 흔적만 남았다.

전염병

2019년 말, 중국의 한 도시에서 시작한 바이러스가 전 세계로 퍼졌다. 동그란 몸 표면에 사방으로 돌기가 나 있어 왕관처럼 생긴 바이러스였다. 사람들은 코로나라고 이름을 붙였다. 개기일식 때 태양 둘레에 생기는 희미한 빛도 이 바이러스와 같은 이름을 가지고 있다. 달이 태양을 가리면서, 평소에는 태양의 강한 빛 때문에 볼 수 없던 대기층을 식별할 수 있게 되는데, 코로나는 태양 10만분의 1 정도로 빛의 세기는 약하지만 태양 반지름의 수배까지 퍼져나간다고 한다.

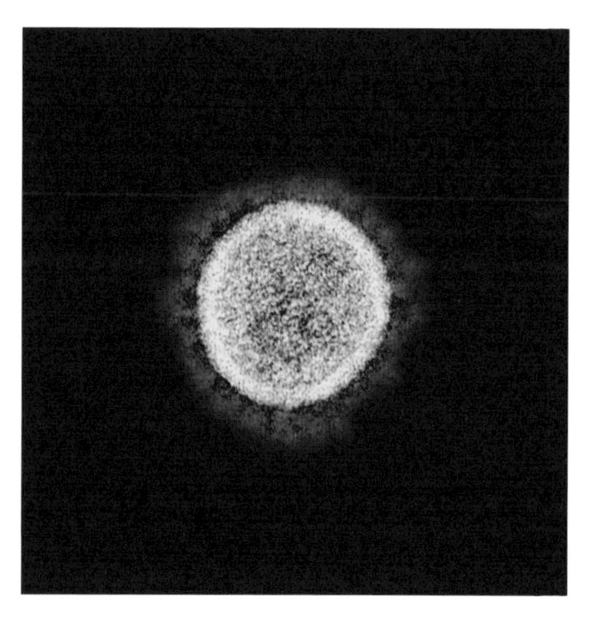

세계보건기구는 비상사태를 선포한 지 두 달 만에 이 바이러스에 감염병 최고등급인 팬데믹을 선언했다. 이렇게 해서 스페인독감과 홍콩독감, 신종플루에 이어 20세기 이래 네 번째로, 전염병의 세계적 대유행이 시작되었다.

전염병의 역사를 더 거슬러 올라가면 14세기 유럽 인구를 전멸시키다시피 했던 페스트를 언급하지 않을 수 없다. 페스트를 흔히 흑사병(黑死病, Black Death)이라 부른다. 문자 그대로 풀이하면 '검은 죽음'에 이르는 병이다. 감염 후 제대로 치료하지 못하면 모세혈관이 막혀 피부가 괴사하면서 검게 변하는 까닭에 붙여진 이름이라고 한다. 하지만 여기에는 복합적인 배경이 있다.

'검은'이라는 단어는 색깔을 일컫기도 하지만 그 외에도 '나쁜', '끔찍한', '침울한', '암담한', '정체를 알 수 없는'과 같이 수많은 의미를 품고 있다. 그래서 흉악한 속셈은 시커먼 마음으로, 불행의 전조는 검은 먹구름으로 묘사되곤 한다.

다른 언어권에서도 사정은 비슷하다. 필리프 지글러는 페스트라는 단어가 라틴어 '아트라 모르스(atra mors)'의 번역어에서 기원한다고 밝혔다. '아트라'는 검다는 뜻과 끔찍하다는 뜻을 모두 함축하고 있고 '모르스'는 죽음을 뜻한다. 요컨대 객혈을 하고 살이 썩어 들어가는 이 전염병은 중세 사람들에게 '끔찍한 죽음'이자 '검은 죽음'이었던 것이다. ↵

인간은 언어와 더불어 은유를 구사하는 능력을 가졌다. 거울에 비친 귀의 모양에서 머나먼 바다의 소라 껍데기를 볼 수 있고, 펄럭이는 깃발에서 소리 없는 아우성을 들을 수 있다. 지극히 인간적인 능력이다. 이것은 틀림없는 축복이다. 그러나 동시에 재앙이기도 하다. 우리는 두려운 것, 부정적인 것, 쉽게 말할 수 없는 것 앞에서도 은유를 사용하기를 좋아하기 때문이다. 그럴 때 이 언어는 편견과 낙인이 된다.

수전 손택(Susan Sontag)은 질병에 편견과 혐오를 덧씌우는 사고방식에 저항하기 위해 1978년 『은유로서의 질병』을 썼다. 그 자신이 암 선고를 받고 투병한 당사자이기도 했던 손택은, 결핵이든 성병이든 암이든 질병은 질병일 뿐이라고 강조했다. 그러나 인간의 역사에서 질병은 늘 알 수 없는 어딘가에서 안전한 세계로 침투해 오는 존재로 여겨졌다.

매독이 사람들을 감염시키며 전 유럽을 휩쓸고 다니기 시작했던 15세기의 마지막 10년 동안 매독에 가해졌던 욕설은, 무시무시한 질병을 타지에서 들어온 질병인 양 여기게끔 만들어야 한다는 요구를 가장 잘 드러내 보여주고 있다. 매독은 영국인들에게는 '프랑스 발진'이었으며, 파리 사람들에게는 '독일 질병', 플로렌스 사람들에게는 '나폴리 질병', 일본인들에게는 '중국 질병'이었다. 그러나 광신적 애국주의의 논리적 귀결을 비웃는 농담처럼 보이는 이런 말들은 좀 더 중요한 진실을 드러내 보여준다. 즉, 상상된 질병은 상상된 외국인들과 결부되기 마련이라는 진실을. 아마도 여기에는 아주 오랜 옛날부터 전해져온 우리가 아닌 자들, 즉 이방인이라는 그릇된 개념이 도사리고 있을 것이다.①

이방인은 언제나 괄호 속에 놓여 있다. 괄호 안에는 무엇이든 들어갈 수 있다. 빈자리의 주인은 때로는 아프리카인이 되고 때로는 유대인이 되고 때로는 아시아인이 된다. 때로는 한센병 환자가, 때로는 외국인 노동자가, 때로는 성소수자, 미혼모, 집 없는 사람, 가난한 사람, 시인, 왼손잡이, 길고양이……. 그러나 전염병은 대상을 특정하지 않고 누구에게나 찾아왔고, 우리는 불가해한 상황에 놓였다.

신이시여. 왜 하필 나에게 이런 일이?

물어봐도 대답이 돌아올 리 없었다. 달빛 아래 맑은 물을 떠놓고 빌거나 손쉽게 장악할 수 있는 다른 생명체의 피를 희생양으로 바치는 것 외에는 할 수 있는 게 없던 시절, 전염병은 인간의 운명 앞에 드리워진 검은 그림자였을 것이다.

그러나 두려움에 떨던 인류는 시간의 흐름과 함께 진보했다. 현미경이라는 기계가 개발되면서 육안으로 볼 수 없던 것을 볼 수 있게 된 것이다. 이제 세균의 존재가 눈으로 확인된다. 페스트를 전염시키는 것이 보이지 않는 신의 채찍이 아니라 설치류에 기생하는 벼룩이라는 사실도 밝혀졌다. 그럼에도 전염병을 인류에 대한 신의 징벌로 보는 관점은 사라지지 않았다.

> 그렇습니다. 반성할 시간이 왔습니다. 여러분은 일요일에 하느님을 찾아뵙는 것으로 충분하고 그 나머지 시간들에 대해서는 자유롭다고 생각했습니다. 여러분은 그저 몇 번 무릎을 꿇는 것으로 여러분이 저지른 안일함의 대가를 충분히 지불했다고 생각했습니다. 그러나 하느님은 그렇게 미적지근하신 분이 아닙니다. 이렇듯 뜸한 관계로는 그분의 넘쳐흐르는 애정을 만족시키지 못했던 겁니다. 하느님께서는 여러분을 더 오랫동안 보고 싶으셨고, 그것이 그분께서 여러분을 아끼시는 방식이자, 더 정확히 말하면 그분의 유일한 사랑의 방식인 겁니다.②

알베르 카뮈의 소설 『페스트』에는 역병이 다시금 창궐한 1940년대 오랑 시를 배경으로 어느 신부의 열광적인 설교 장면이 등장한다. 전염병이 신의 징벌을 넘어 신의 사랑으로까지 은유되는 상황을 보여주는 대목이다.

21세기를 사는 우리는 이제 안다. 징벌이든 사랑이든 페스트가 신의 메시지는 아니었다는 사실을. 아직 정확하게 발병 원인이 밝혀

지지 않은 병도 세상에 남아 있지만, 그 경우에도 큰 확률로 환경적인 영향과 유전적 문제가 관련해 있다는 사실을 우리는 이제 안다. 특정 바이러스는 호흡기나 비말을 통해 감염되며, 감염병이 생태 환경의 변화와 직결된 전 지구적 문제라는 사실을 우리는 이제 안다. 그러나 언제나 그렇듯이, 아는 것만으로는 충분치가 않다.

인간의 육체를 병들게 하는 바이러스는 역사 속에서 끊임없이 변이를 거듭하며 새로운 모습으로 나타났다. 그러나 직면한 고통의 근본적인 원인을 다른 곳에서 찾고 싶어 하는 인간의 마음만은 진화하지 않고 있다.

신종 코로나바이러스 감염증(코로나19)이 전 세계로 급격히 확산하면서 중국인을 넘어 아시아인 전체를 혐오하는 유럽 내 인종차별 기류가 점점 더 노골화하고 있다. 아시아계 학생이 영국 런던 한복판에서 "코로나가 싫다"는 현지 청년들에게 집단폭행까지 당했다. 런던 경찰은 싱가포르 출신 유학생 조너선 모크가 한 무리 청년들로부터 코로나19 관련 인종차별 욕설을 듣고 폭행당한 사건을 조사하고 있다고 BBC방송이 3일(현지시간) 보도했다. 이에 따르면 모크는 지난달 24일 오후 9시 30분쯤 시내 옥스퍼드 가를 걷다가 청년 3, 4명과 시비가 붙었다. 모크를 향해 '코로나바이러스'라고 소리친 청년들은 모크가 쳐다보자 "뭘 보느냐"며 주먹세례를 퍼부었고, 이 과정에서 한 청년은 "우리나라에 코로나바이러스가 있는 게 싫다"고 소리치며 모크의 얼굴을 가격했다. 모크는 얼굴뼈에 금이 갔고 눈도 심하게 멍 들었다. 경찰이 현장에 도착했을 때 가해자들은 이미 도망간 후였다.③ ↵

최근 베트남에서 검은 고양이가 신종 코로나바이러스 감염증(이하 코로나19) 예방에 효과가 있다는 소문이 퍼지면서 검은 고양이로 만든 약이 유통되고 있다. «뉴욕 포스트», «더 가디언» 등 외신에서는 최근 글로벌 동물 권리 자선단체 노투도그미트(No To Dog Meat)의 글을 인용해 최근 검은 고양이로 만든 약이 코로나19 치료를 위해 판매되고 있다고 전했다. 특히 베트남 하노이를 중심으로 진행되고 있으며 마리당 200만 동(약 10만 원) 가격으로 온라인을 통해서도 판매되고 있다. 해당 자선단체가 확보한 영상에는 살처분된 고양이가 햇볕에 말려지는 모습과 산 채로 고양이가 삶아지는 모습 등 잔혹한 모습이 담긴 것으로 알려졌다. 노투도그미트의 설립자인 줄리아드 캐드넷은 "고양이를 먹으면 코로나를 치료한다는 증거가 없다"며 "설령 있다고 해도 이런 비인간적인 처사는 용납할 수 없는 수준"이라고 지적했다. 이어 "중국은 최근 야생동물을 먹는 것을 금지했고 개와 고양이를 공식적으로 음식이 아닌 애완동물로 인정했지만 아시아 전역에서 더 많은 것들이 이뤄져야 한다"며 "베트남과 인도네시아에서는 개와 고양이를 비롯해 야생동물을 먹는 관행이 여전히 성행하고 있다"고 전했다.④

아담의 사과

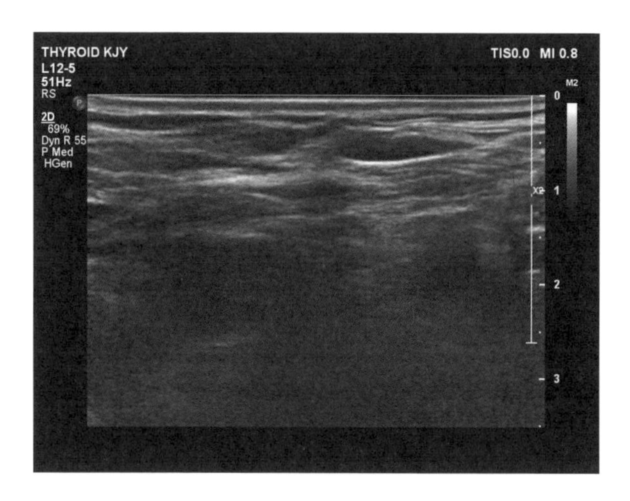

나는 고개를 젖힌 채로 네모난 어둠을 바라보고 있었다. 검은 화면은 천천히 일렁였다. 경사가 완만한 해저 깊은 곳의 지면 같았다. 초음파 스캐너를 쥔 의사의 손이 능숙하게 내 목젖 주변을 문질렀다. 그때마다 물살이 아주 느리고 부드럽게 이동했다. 의사의 눈은

화면을 주시하고 있었다. 어차피 누워 있는 각도에서 화면 아래쪽은 잘 보이지도 않아서, 나는 눈을 치켜뜨고 물살의 움직임을 좇아가는 것을 포기하고 의사를 관찰하기로 했다. 의사는 무언가 진귀한 것을 건져 올리기 위해 탐색하는 사람 같았다. 스캐너로 해저 지형을 꼼꼼히 훑으며 두 눈을 잠시도 화면에서 떼지 않았다. 이따금 화면 가까이 얼굴을 갖다 댈 때는 미간에 힘을 줘 눈썹을 모았다.

처음 발견된 게 2년 전이라고 하셨나요?

2년 반쯤 됐어요.

자, 이제 됐습니다. 사진 보면서 설명드릴게요.

간호사가 티슈를 두 장 뽑아 목에 묻은 차가운 약품을 닦아내고, 옆 진료실로 안내해주었다. 의자에 앉자 의사는 마우스를 클릭해 정지 화상을 한 컷 띄워 보여주었다. 얼핏 보면 태아 초음파 사진에서 보게 되는 산모의 자궁 속 같았다. 혹은 우주 한가운데 구멍이 뚫린 블랙홀 같기도 했다. 흑백으로 표현된 몸 내부의 공간은 볼 때마다 낯설었다. 게다가 네모난 외곽선을 가진 스크린 속에서는 촬영된 공간의 실제 크기를 통 가늠할 수가 없었다.

여기 이 부분 보이시죠?

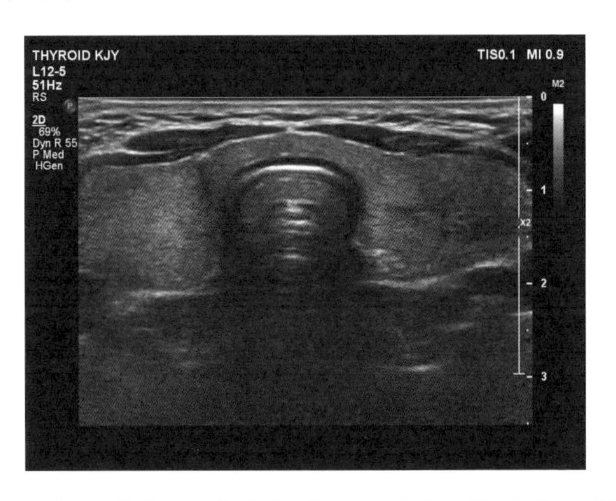

내 의중을 읽은 것처럼, 의사가 마우스 커서로 화면에 표시를 하며 말했다.

여기부터 여기까지, 이렇게 약간 타원형으로 관찰이 되는데요.

지름이 한 2.6센티미터 됩니다.

2.6센티미터요? 많이 커졌네요.

그렇죠. 저번에 검사하셨을 때 0.8센티미터였다면 2년 사이에 거의 세 배가 된 거니까요.

크기가 이 정도면 많이 안 좋은 건가요?

꼭 그렇진 않아요. 모양도 관찰할 필요가 있는데요.

의사는 다른 환자의 차트를 화면에 띄웠다.

결절의 형태가 이렇게 단단하고 동그란 방울토마토 같다면, 별로 문제가 되지 않을 수도 있어요.

또 다른 차트가 띄워졌다.

그런데 이렇게 좀 울퉁불퉁하게, 토마토가 바닥에 떨어져서 으깨진 것처럼 보이는 경우가 있어요. 이런 모양은 악성인 경우가 많고, 다른 세포로 전이되기도 쉽거든요.

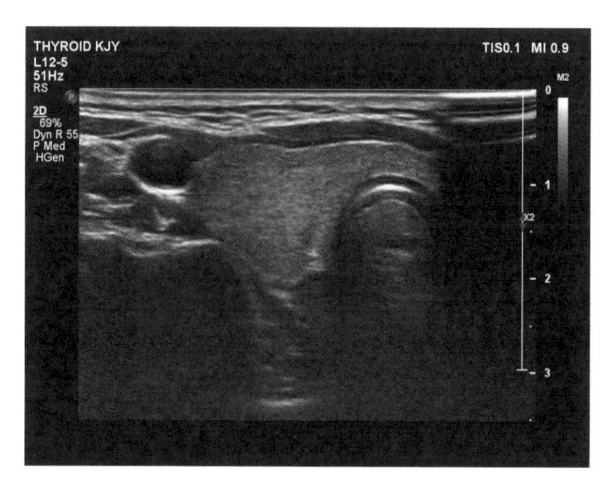

종양도 외형이 예쁘게 생긴 편이 낫다니, 좀 우습다는 생각이 들었다.

초음파만으로 판단하기는 그렇고요. 소견서를 써드릴 테니 대학병원에 가셔서 세침 검사를 한번 받아보셔야 할 것 같습니다. 그리고 검사 결과가 악성이 아니더라도 꾸준히 추적 검사는 해줘야 됩니다. 언론에서 갑상선암은 착한 암, 착한 암, 그러지만, 어쨌든 암은 암이거든요.

나는 고개를 끄덕여 보였다. 문득 암을 의미하는 '악성종양'이라는 단어가 '악할 악'자를 쓴다는 사실이 생각났다. 나쁜 혹이라니. 나쁘고 악한 혹이라니.

남자분들은요. 갑상선암에 걸리는 확률은 낮지만, 여자보다 목젖이 커서 결절이 커져도 육안으로 잘 보이지 않는 경우가 대부분입니다. 그래서 암이 상당히 진행된 상태로 발견되는 경우가 많아요. 그래도 지금 환자분은 크게 걱정할 상태는 아닐 겁니다.

나는 뜬금없이 아담과 하와를 생각했다. 하와는 뱀의 꼬임에 빠져 에덴동산의 탐스러운 사과나무 열매를 따먹었다. 사과를 딴 하와는 맛있는 과육을 다 먹고 속심을 아담에게 주었는데, 아담이 그것을 먹다가 목에 걸리는 바람에 돌출된 뼈가 생겼다. 그래서 남자만 가지고 있는 그 울대뼈를 '아담의 사과'라고 부르게 되었다는 것이다. ↵

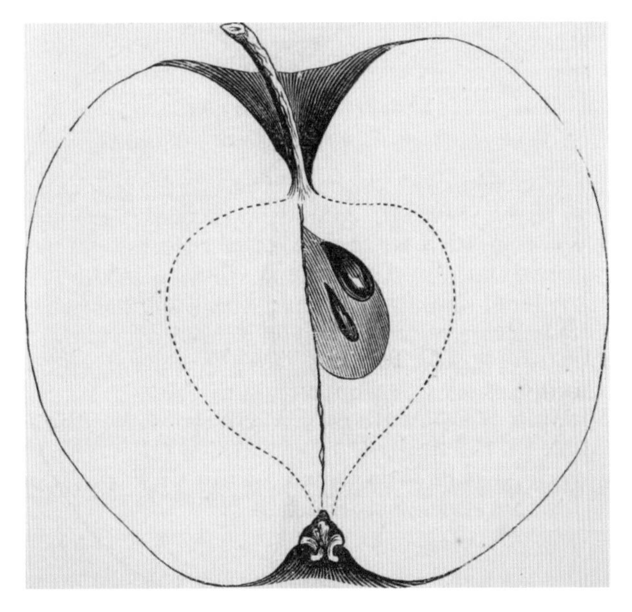

많은 신화적 에피소드들이 그렇듯이 이 이야기도 지극히 편협한 남성의 관점에서 쓰였다. 그러나 한편으로는 중요한 비밀을 말해주는 것처럼 느껴졌다.

진료실을 나오면서 혹시 사진 파일을 몇 장 받아갈 수 있을지

물었다. 간호사가 1층 영상복사센터에 가보라고 일러주었다. 이미 진료비를 내고 나의 몸속을 촬영한 사진이지만, 그것을 소유하려면 또 돈을 지불해야만 했다. 영상복사센터에는 수많은 아담과 하와의 후예들이 길게 줄을 서 있었다.

> 덴마크 당국이 자국의 한 농장에서 밍크가 신종 코로나바이러스 감염증(코로나19)에 감염됐다고 로이터 통신이 17일(현지시간) 보도했다. 덴마크 당국은 성명에서 예방 조치로 코로나19 확산 위험을 최소화하기 위해 이 농장에 있는 밍크 1만 1000마리 모두를 살처분할 것이라고 밝혔다. 앞서 이 농장과 관련된 사람 한 명이 코로나19 확진 판정을 받으면서 밍크를 대상으로 진단 검사가 이뤄졌다. 세계 최대의 밍크 모피 생산국인 덴마크에서 밍크가 코로나19에 감염된 것으로 확인된 것은 이번이 처음이다. 최근 네덜란드에 있는 밍크 농장 13곳에서 코로나19 감염이 발생해 57만 마리의 밍크에 대한 살처분 명령이 내려진 바 있다. 네덜란드 밍크 농장의 경우 사람에게서 밍크로 감염이 이뤄진 것으로 추정되고 있다.⑤

재택근무

한차례 여름비가 지나자 주춤했던 감염자 수가 다시 늘었다. 사람들은 무더위와 함께 바이러스가 자취를 감추지 않을까 하는 기대를 아예 접은 것 같았다. 여자는 집 밖으로 나가지 않은 지 며칠이 지났는지 가물가물했다. 메일을 체크한 뒤 페이스북과 유튜브 창의 스크롤을 번갈아 내렸다.

장소와 날짜가 아니라 온라인 링크를 달아놓은 전시 홍보 포스터가 부쩍 늘었다. 강의와 각종 워크숍은 비대면으로 전환된 지 오래다. 국공립 문화예술 기관들은 문을 열고 닫기를 반복하면서 거의 모든 전시 일정을 연기하고 있었다. 연극 단체는 관객 없는 무대에서 공연을 녹화해 스트리밍 서비스로 송출했다. 공연장은 객석을 절반만 오픈하고 오케스트라는 악기 편성을 줄였다.

피아니스트들은 각자의 집에서 편안한 옷차림으로 연주하는 모습을 실황으로 내보내기도 했다. 여자는 고양이를 어깨에 올린 기타 연주자가 30분 동안 비틀즈를 연주하는 것을 감상했다. 고양이는 랜선 너머 관객보다 더 빨리 집중력을 잃고 자리를 떴다.

인터넷 바깥의 상황은 계속 나빠지기만 하는 것처럼 보였다. 일상을 되찾고 싶은 사람들은 희망과 실망의 시소를 타다 조금씩 지쳐가고 있었다. 불투명한 전망이 길어지면서 현장의 당사자들은 갑론을박했다. 발 빠르게 모드를 전환하고 모든 문화예술 양식의 온라인화에 지원을 투자해야 한다는 목소리와 재난 이후를 위한 준비에 집중해야 한다는 목소리가 대립했다.

소상공인들의 생계가 위협받고 사회취약 계층은 말 그대로 직격탄을 맞고 있는 시점에 문화와 예술의 조건까지 고민할 여력이 사회에 있을까? 여자는 남의 일처럼 냉담한 표정을 지었다. 상황이 이렇게 되기 전부터도 여자는 전시를 기획하는 일에 수 해째 피로를 느끼고 있었다. 몇 달을 갈아 넣어 만든 전시가 끝난 뒤 가벽을 해체하고 폐기물을 처리할 때면 영혼이 텅 비는 기분이 들었다. 기관에 들어와서 일을 한 지 3년째지만 섬처럼 고립된 느낌도 떨어지지 않았다. 대화를 해보면 작가들도 사정은 비슷했다. 은행가들끼리 만나면 예술 얘기를 하고 예술가들끼리 만나면 돈 얘기만 한다는 말은 우스갯소리가 아니었다. 작가 이력이 10년 넘게 쌓여도 이중 삼중으로 아르바이트를 해야 먹고살 수 있는 여건은 그대로였다. 그런 프리랜서들의 처지가 재난의 상황이라고 해서 특별히 많이 나빠질 것도 없었다.

사실을 말하자면 예술과 교육이라는 이름으로 행해지는 모든 활동을 온라인으로 대체하지 못할 이유가 없는 시대다. 전염병이 돌기 훨씬 전부터도 현대인은 지구 반대편 박물관에 소장된 17세기 페인팅을 손안의 디지털기기로 관람할 수 있었고, 영화는 넷플릭스로, 소설은 전자책으로 보는 것에 익숙해져 있지 않았던가? 관람대상인 작품도 냉정하게 말하자면 결국 하나의 정보다. 수백 테라바이트의 데이터가 3밀리미터 크기의 칩에 저장되는 시대. 정보가 물리적 공간을 점유할 필요가 이제 얼마나 남아 있는 것일까? 여자는 노트북을 닫고 아이패드의 전원을 켰다.

검은 숲

이야기란 어디서 오는 것일까. 전래동화를 들으며 자란 아이들은 할머니의 굽은 등이나 할아버지의 혹이 이야기를 보관하는 주머니라 여겼다. 여러 문명이 교차하는 곳에 살던 사람들은 사막의 모래바람 속에서 홀연히 나타나 수수께끼를 내는 반인반수의 괴물을 상상했다. 세상에는 누가 씨앗을 뿌리지 않아도 이야기의 싹이 트는 곳, 끊임없이 상상력이 잉태되는 공간이 있다. ↵

슈바르츠발트(Schwarzwald)는 라인 강 동쪽에 위치한 산악 지역으로, 독일 남서부 바덴뷔르템베르크 주에 속한다. 길이는 160킬로미터, 면적은 6000제곱킬로미터에 이른다. 이곳이 흑림(black forest), 즉 검은 숲이라고 불리는 것은 30미터 이상 울창하게 솟아 있는 가문비나무와 전나무 때문에 낮에도 햇빛이 들지 않기 때문이다. 이렇게 빽빽한 침엽수의 그림자로 숲의 내부가 어두운 데다 지형이 미로처럼 복잡해 한번 들어가면 길을 잃기 십상이다. 그러다 보니 전설과 신화가 탄생하는 영감의 장소가 되었다. 헨젤과 그레텔이 흰 조약돌을 떨어트리면서 걸어 들어간 숲도, 아이들

용으로 각색되기 전 원작에서 빨간 모자 소녀가 잔혹하게 살해당한 숲도, 모두 슈바르츠발트를 모델로 삼고 있다.

카프카의 단편소설 「사냥꾼 그라쿠스」도 이 숲을 배경으로 한다. 사냥꾼 그라쿠스는 슈바르츠발트에서 영양을 쫓다 절벽에서 추락해 죽는데, 그가 탄 죽음의 나룻배가 방향을 놓치는 바람에 저승으로 가는 길을 잃고 만다. 그라쿠스는 배 위에 갇혀, 죽은 것도 아니고 산 것도 아닌 불행한 몸이 되었다. 그 상태로 영원히 안식에 이르지 못하고 이 항구 저 항구를 정처 없이 떠돌아다니는 것이다.

그라쿠스라는 이름은 까마귀를 뜻하는 라틴어와 닮아 있고, 카프카의 이름 또한 체코어로 까마귀를 뜻한다. 카프카의 작품 대부분이 그렇듯 이 인물도 작가의 분신으로 볼 수 있다. 영원한 방랑자로 묘사되는 그라쿠스의 이야기는 집필 시기 연인과 멀어지고 고독과 방황 속에 고립되어 있던 카프카의 심경을 짐작하게 한다. 제발트는 카프카를 등장인물 삼아 사실과 허구를 직조한 책 『현기증. 감정들』에서 이 소설을 다음과 같이 평가하기도 했다.

> 애초에 누구의 잘못 때문에 그가 이러한 엄청난 불행을 영원히 짊어지게 되었는지, 그리고 도대체 잘못이라면 그것이 어떤 잘못인지는 전혀 설명하지 않는다. 하지만 이 이야기를 구상한 작가가 다름 아닌 K 박사이므로, 나는 결코 항해를 끝낼 수 없는 사냥꾼 그라쿠스의 영원한 방랑이 의미하는 것이 사랑의 갈망에 대한 속죄라는 생각이 든다.⑥

아름다운 검은 숲을 떠나 영원히 강물 위를 떠다니게 된 그라쿠스. 그는 배에 탄 채로 수세기나 살아왔고, 앞으로도 계속 살아가야 한다. 저승도 이승도 아닌 곳. 이곳의 정체를 어떻게 정의할 수 있을까? 연옥이라고 해야 할까? 아니면 더 비관적인 관점에서, 그냥 인간에게 주어진 삶의 무대로 봐야 할까?

카프카의 일기나 편지를 보면 그는 늘 어디론가 떠나고 싶어 했다. 그러나 프라하에서 태어나 폐결핵으로 마흔한 살 생을 마감할 때까지 카프카는 체코를 거의 떠나본 적이 없다. 아이러니하게도 슈바르츠발트에서 영원히 살고 싶었다고 말하는 소설 속 그라쿠스는

세상의 모든 바다를 영원토록 떠돌아다니도록 운명 지어졌다. 삶도 죽음도 둘 다 의지대로 되는 것이 아니라는 듯이, 그라쿠스의 항해는 계속된다.

미지의 숲 슈바르츠발트에서 잠시 길을 잃었다가 안전한 집으로 복귀하는 여정을 그린 동화들과 달리, 이 소설은 인생에 관해 비관적인 전망을 남긴다. 삶이라는 무대는 입구도 출구도 없는 깊고 검은 숲이 바다로 끊임없이 확장된 것과 같다. 게다가 그라쿠스의 말처럼, 우리가 탄 배에는 조타 장치가 없다. 운명이라는 낯설고 은밀한 영역에서 불어오는 바람의 손길에 따라 항해를 계속해야 할 따름인 것이다.

그러나 이 비관적인 관점은 역설적으로 그라쿠스가 들려주는 진술의 역할에 관해 생각하게 만든다. 그라쿠스에게 남은 것이라곤 오직 자신이 처한 이 기구한 운명과 사연을 남들에게 말해주는 일밖에 없는 것이다. 소설가에게 있어서 그 어떤 비관도 쓰고자 하는 갈망, 이야기하고자 하는 갈망을 대체할 수는 없다.

그리고 이야기는 증식되고 확장될 수 있다. 배 위의 방랑자가 영원히 지속될 지루한 항해를 견딜 만한 이야깃거리를 바다에서 더 건져 올린다면, 그래서 이따금 항구를 스쳐 지날 때 부둣가의 낯선 이들과 몇 마디 주고받을 수나 있다면, 이 쓸쓸한 여정에서 그나마 위안이 되지 않을까?

블랙 미러

점심을 먹고, A 미술관의 큐레이터로부터 온 전시 제안 메일을 읽었다. 검은색을 주제로 하는 전시였다. 전시의 키워드로 적혀 있는 단어들을 훑어보다가 '블랙 미러(Black Mirror)'에 시선이 멈췄다. 최근에 몇 편 본 적이 있는 영국 드라마의 제목이었다. 가상현실을 배경으로 다루는데, 기술 의존도가 커진 인류의 딜레마를 주로 그리는 디스토피아 공상과학 드라마였다. 내친김에 검색을 해보았다. 프로그램의 제작자가 제목의 의미를 설명한 글을 찾을 수 있

었다.

> 만약 기술이 마약과 같다면 그 부작용은 무엇일까요? 쾌락과 불편 사이의 영역에 '검은 거울'이 있습니다. 이것은 TV, 모니터, 스마트폰 등 당신이 벽마다 걸어놓고 책상마다 놓아두고 양손에 들고 다니는 그 모든 차갑고 반짝이는 화면에서 언제나 볼 수 있는 것입니다.⑦

얼마 전에 본 전시가 떠올랐다. 기술 문명의 어두운 면을 그린 것은 아니지만 문득 연상되는 작품이 있었다. 컨베이어 벨트 위에 거대한 쇠공이 올려져 있는 설치작업이었다.

육중한 사물 두 개가 함께 있는 모습은 일견 정적인 느낌을 주었다. 하지만 그 고요는 역동적인 움직임을 숨기고 있었다. 비스듬히 설치된 컨베이어 벨트에 놓인 쇠공은 중력의 영향으로 아래쪽으로 끊임없이 굴러 내리는데, 컨베이어 벨트가 위쪽으로 되감기고 있어 공이 한 자리에 멈춰 있다는 착각을 주는 것이었다. 좀 더 가까이 다가가 보니 꽤나 빠른 속도로 움직이고 있는 두 물체의 마찰음과 미세한 덜컹임을 감지할 수 있었다. 두 사물이 발산하는 긴장감에는 어딘가 블랙 유머가 감돌았다. 제자리에서 균형을 유지하기 위해 부단한 움직임으로 구르는 쇠공의 안간힘은 어떻게 보면 우아하고 어떻게 보면 안쓰러웠다.

쇠공을 유심히 지켜보던 관객은 어느 순간 쇠공의 표면에 비친 사람을 만나게 된다. 자신의 몸을 짓누르는 고역으로부터 잠시 빠져나온 시시포스처럼 멀뚱히 서서 그 장면을 바라보는 한 사람. 바로 자기 자신이다. 그 모습을 알아본 순간 이상한 일이 일어난다. 공간이 갑자기 작품 속과 작품 바깥, 두 개로 분리되는 것이다.

꽤 오랜 시간 동안 나는 영화는 극장에서 봐야 한다고 고집을 피우는 사람이었다. 집에서 작은 모니터로 영화를 감상할 때 발생하는 문제는 모니터의 해상도나 사운드의 품질이 아니었다. 진짜 문제는, 영화가 어두운 장면에 진입할 때에 모니터의 검은 화면에 비친 자신의 얼굴이 몰입을 극도로 방해한다는 사실이었다. 나는 갑자기 영화를 보고 있는 나를 인지하게 되고, 영화를 보는 일과 영화를 보는 나를 바라보는 두 개의 일을 번갈아 수행하는 나는 결코 영화 속으로 완전히 빠져들지 못하고 두 세계의 사이를 배회하는 것이다.

반면에 영화관의 총체적인 어둠은 그 모든 것을 잠식한다. 나의 얼굴을, 자아를, 내가 한 편의 만들어진 이야기에 빠져들고 있는 그 시간을. 나는 이것이 규모의 문제만은 아니라고 여겼다.

오래전에 읽은 소설 속 한 장면도 떠올랐다. 주인공은 이루어지지 않는 사랑의 복판에서 표류 중이다. 그녀는 불면에 시달린다. 밤이 되면 그녀는 사랑하는 사람의 초상사진 액자를 꺼낸다. 그러고는 그의 얼굴 위에다 유리에 비친 자기 얼굴의 그림자를 겹쳐 보는 것이다. 투명한 한 겹의 표면에서 눈과 눈이, 코와 코가, 입과 입이 서로 포개어져서, 그들은 완전히 하나가 된 것처럼 스며든다. 잠시 후 그녀는 절망에 사로잡혀 자신의 얼굴을 사진으로부터 거둔다.

어둠 속에서 거울이나 유리를 볼 때면 그 장면이 떠오르곤 했다. 그렇지만 소설 속에서 이를 훔쳐본 주인공의 언니와는 달리, 나는 그 행동을 따라 해보지는 않았다. 핸드폰에 남아 있는 현의 사진을 어둠 속에서 오래 바라본 적은 있지만, 거기에 내 얼굴을 겹쳐 보는 시도 같은 건 해보지 않은 것이다. 해보지 않고도 소설 속 주인공의 절망을 이해할 수 있었기 때문이다. 밝은 빛 속에서는 둘의 얼굴이 함께 있을 수 없고, 캄캄한 어둠 속에서는 한쪽이 완전히 투명해지지 않으면 결코 진정한 하나가 될 수 없는 사랑의 어떤 법칙을 그 장면은 냉정하게 가르쳐주었다.

노아의 말

자랑은 아닙니다만, 아마 성서를 통틀어 가장 많이 회자되고 다시 쓰인 인물이 바로 저일 겁니다. 제가 600세 되던 해, 하나님은 점점 타락해가는 인간들을 한꺼번에 쓸어버릴 계획의 조력자로 저를 간택하셨지요.

지난겨울 이 책에 저의 이야기를 실어도 되겠냐는 연락을 받은 것은 제가 새로운 방주의 설계에 관한 연구 논문으로 아라랏 재단의 학술상을 수상한 직후였습니다. 조촐한 환갑잔치를 앞두고 있기도 했고 말입니다. 그러니까…… 제가 스물세 번째로 환생한 지 만으로

쉰아홉 해째 되었을 때군요.

전화로는 체면상 말을 아꼈습니다만 저를 섭외해주셔서 실로 얼마나 기뻤는지 모릅니다. 검정이라는 테마와 관련하여 제가 젊은 독자 여러분들에게 드릴 말씀이 참으로 많거든요. 이 책의 다소 긴 제목인 "노아와 슈바르츠와 쿠로와 현(**Noir, Schwarz, Kuro and Hyun**)"은 검정을 차례로 프랑스어, 독일어, 일본어, 한자로 호명한 것이더군요. 이 노인네의 의견을 받아들여 제목을 "누아르와 슈바르츠와 쿠로와 현"에서 지금과 같이 변경해주신 점 진심으로 기쁘고 영광스럽게 생각하고 있습니다.

사실 프랑스어 낱말 **noir**의 외래어 규범표기는 '누아르'가 맞지요. 암흑가 세계를 다룬 **1950**년대 할리우드 영화 장르인 필름누아르에서처럼 말입니다. 다른 언어도 마찬가지겠지만, 특히나 프랑스어는 외래어 표기와 실제 발음 사이에 간극이 좀 있어요. 원어에 가장 가까운 발음을 여러분의 모국어인 한국어로 적자면 '누아ㅎ'가 될 것입니다. 아, 물론 지금의 제 모국어이기도 하지요. 여러 번 다른 문화권에서 태어나다 보면 가끔 이렇게 헷갈리기도 하니 아량을 베풀어주시기 바랍니다.

자, 그런데 여기서 묘한 우연을 발견할 수가 있습니다. 성서에 등장하는 저의 이름 노아(**Noah**)가 히브리어 동사 '누아흐נוח'에서 온 것이란 말이지요. 이 단어는 '두다, 놓다, 쉬다' 등의 의미를 지니고 있습니다. 잠깐 방주 때 이야기를 좀 하자면…… 사실 요즘은 옛날이야기를 자꾸 하면 '라떼 이야기'라고 젊은 분들이 좋아하지 않는다고 하던데요. 좌우지간에, 그 당시에 제가 하나님의 지령으로 방주를 띄우고 나서 **300**일 동안 물 위를 부유하며 떠돌았지 않습니까? 그러다 비가 그치고 물이 점점 빠지다 보니까 방주의 밑바닥이 아라랏 산의 흙바닥에 닿으면서 비로소 멈추게 되었습니다. 저라는 인물이 안식과 휴식을 상징하게 된 배경이라고나 할까요?

프랑스어와 히브리어는 동족어가 아닙니다만, '아멘'처럼 히브리어에서 라틴어로 유입된 단어가 있는 것을 보면, 두 단어는 밝혀진 것보다 깊은 관계에 놓여 있을지도 모른다고 짐작하게 되지요.

메일로 보내주신 원고를 보니 이 책을 기획하고 계신 분도 이름의 뜻이며 단어의 어원이며 하는 것들에 어지간히 집착하는 분인 것으로 사료됩니다만, 사실 이름은 전부이자 모두가 아니겠습니까? 하나님이 동물들을 만들고 아담에게 이들을 모두 가지라 하신 후에, 아담이 한 최초의 행위가 바로 동물들의 이름을 짓는 일이었습니다.

좌우지간에 저는 검정과 안식이, 그러니까 noir와 noah가 뗄래야 뗄 수 없는 하나의 쌍이라는 생각을 가지고 있습니다. 그리고 검정에는 두 종류의 검정이 있다는 것이 저의 생각입니다. 안식과 성스러움에 속하는 검정이 있고, 무지와 타락에 속하는 검정이 있다는 말씀이지요. 이 생각을 부연하기 위해서 제가 만들었던 방주 얘기를 좀 더 해보겠습니다. 방주의 형상에 대해서는 여러 가지 설이 있어요. 뾰족한 끝을 가진 배의 모습으로 묘사하는 문헌이 있는가 하면, 네모나고 판판한 상자의 모습이었다는 주장도 있지요. 저도 기억이 좀 왔다 갔다 하니까 상상은 여러분이 좋을 대로 하십시오. 그러나 방주의 안팎에 검은 콜타르를 두텁게 칠했다는 설명만은 어떤 기록에서든 완벽하게 일치합니다. 물에 오랜 시간 잠겨 있으면서 부식되지 않으려면 방수가 필수였으니까요.

이 이야기에서 콜타르를 쏙 빼버린 것이 영국의 소설가 줄리언 반스라는 놈입니다. 『10과 1/2장으로 쓴 세계역사』라는 아주 사악하기 그지없는 책의 첫 장에서 그 영국놈은 저의 방주 에피소드를 다룹니다. 그런데 여기서 묘사되는 방주는 콜타르가 발리지 않은, 잣나무로만 만들어진 순전한 나무배 그 자체예요. 소설가놈은 그 사실을 인식하지도 못했겠지만 중요한 요소를 하나 빠트림으로써 도대체 어떤 일이 벌어지는지 좀 보십시오. 좀벌레 따위가 방주에 무사히 침투하여 잣나무를 갉아먹으며 무전취식하게 되었을 뿐 아니라, 제깟 놈이 감히 방주 이야기의 서술자로까지 등장하게 되어 누가 무슨 동물을 잡아먹었다는 둥, 누가 무슨 동물을 강간했다는 둥, 방주 안에서 어떤 일이 벌어졌는지 시시콜콜한 남의 집안 사정까지 후대에 전달해버린 겁니다! 중요한 것은 그런 아랫도리 사정이 아니라, 하나님이 내리신 대홍수가 실제로 일어난 일이라는 점이 아니겠습니까?

방주 이후의 세상에서도 콜타르는 중요한 역할을 합니다. 콜타르가 바로 홍수의 증거가 되는 존재거든요. 언제나 가장 중요한 역사적 증거는 바로 땅에 기록되어 있습니다. 석유학자들의 말을 들어보면 지구상에 묻혀 있는 석유의 양이 7조 배럴 정도라고 하는데, 거대한 동물들은 천적이나 환경 변화나 이런 것으로는 한꺼번에 잘 죽지를 않으니 대홍수 때 깡그리 묻혀서 석유화가 되었다고 봐야 하거든요. 지구상에 동물과 사람을 다 합해서 21조 개체가 있었어요. 그 숫자는 신학적으로 계산을 해보면 다 나옵니다. 그런데 그 많은 개체가 홍수가 와서 한꺼번에 몰살되어 구멍이 속에 묻혔다고 보지 않고서는 지금의 전 세계 석유 채굴량을 도무지 이해하기가 어려워요. 진화론자들조차도 땅에 묻힌 화석 연료가 오래전 매장된 동물의 잔해라는 사실은 부인하지 못하지요? 그런데 그걸 꼭 노아의 홍수 때문이라고 할 수는 없다고들 합디다. 빅뱅이라는 사탄의 거짓부렁 이론을 만들어내다니, 참으로 비양심적인 사람들 아닙니까?

다음으로, 성경에 나오는 어둠에 관해서도 한 말씀 드리겠습니다. 우리에게 너무나 잘 알려진 「창세기」는 이렇게 시작하지요. 태초에 하나님이 하늘과 땅을 창조하셨다고요. 그다음이 어떻게 됩니까? 땅이 혼돈하고 공허하매, 어둠이 깊음 위에 있고, 하나님의 영은 수면 위를 운행하시니라. 그렇지요? 이윽고 하나님이 이르시되 빛이 있으라 하시니 빛이 있었고, 그 빛이 하나님이 보시기에 참으로 좋았더라 이겁니다. 하나님이 그 빛을 어둠으로부터 나누사 빛을 낮이라 부르시고 어둠을 밤이라 부르시니, 저녁이 되고 아침이 되어 이것이 첫째 날인 것입니다.

자, 여기서 빛을 어둠으로부터 분리했다고 하시지요? 태초에 먼저 어둠이 있고 거기서 빛이 생겨났어요. 그러니까 하나님이 손을 대시기 이전의 이 어둠은 바로 인간의 원죄, 제가 말씀드린 부정한 검정의 상태인 것입니다. 그런데 현대인들은 자꾸 그 어둠으로 돌아가려 하고 있어요. 「요한복음」에 따르면 어둠은 빛을 아직 깨닫지 못한 상태입니다. 하나님께서는 기만과 속임에 연루된 우리 영혼들을 자유케 하려 하심을 잊지 말아야 합니다. 어둠에서 출발했을지라도 광명을 향해서 나아가는 것, 어둠을 안식으로 이끄는 것, 이것이 우리의 의무이지요. 아시겠습니까?

지금처럼 가다가는 하나님이 우리 타락한 인간들을 다시금 벌하실 날이 찾아옵니다. 그 도구는 핵이나 불바다가 될 수도 있고, 또 이렇게 바이러스 균으로 임하실 수도 있습니다. 물론 홍수는 아니에요. 하나님은 약속은 지키시는 분이거든요.

홍수로 인류를 한번 심판하신 하나님께서 이후에 다시는 홍수로 너희를 심판하지 않겠다고 약속을 하셨지 않습니까? 그 증표로 주신 것이 바로 무지개입니다. 비 온 뒤의 축복처럼 영롱하고 찬란한 일곱 빛깔 휘장 안에 하나님의 굳은 약속이 아로새겨져 있는 것입니다.

그런데 이 신성한 언약의 증표인 무지개를, 지금 인륜을 저버리는 자들이 어떻게 악용하고 있습니까? 끔찍한 문장들을 무지개에다 적고 인쇄하고 새겨가지고는 흔들고 다니면서 불경한 주장들을 하고 있지 않습니까? 게다가 질서와 풍기를 문란케 하는 몸시도 요물스러운 복장들을 하고서, 무지개의 색깔도 자기들 마음대로 바꾸고 말이지요. 개탄할 노릇이 아닐 수 없습니다. 이런 작자들은 해적이나 무정부주의자들에게 어울릴 검은 깃발이나 마음껏 가지라지요!

그러니까 제가 드리고 싶었던 말씀은, 성서에 늘 답이 있으니 잘 읽고 역사적 자료로 해석해서 삶의 지혜로 삼자는 것입니다. 사실 '창세기(Genesis)'라는 말 자체가 자료, 기원 등의 의미를 가진 헬라어를 차용한 것이거든요. 저번에 보니까 어떤 여성학자분이 신문에 참으로 좋은 글줄을 남기셨더라고요. 모든 성서는 외전이다, 성서는 비어 있는 기호를 둘러싼 투쟁의 역사다, 이런 말씀을 하셨어요. 중간에는 제가 이제 잘 기억이 나지는 않는데, 좌우지간 그 구절이 이렇게 맺음이 돼요. "성경은 언제나 원본 없는 개정판이었고 또 그래야만 한다"⑧라고요. 그렇습니다. 세상에서 제일 많이 팔린 책이 무엇입니까. 성경이지요. 하나님의 뜻이 계속 개정판으로 나오고 있지 않습니까? 제가 그러니까 1397년에 독일에 환생하였을 적에, 마인츠에서 활판인쇄기를 발명하느라고 아주 죽을 고생을 한 것에 다 그런 큰 뜻이 있던 것이지요. 좌우지간에, 참으로 동의하지 않을 수 없는 말씀이십니다. 그래서 우리 배우신 여성분들을 제가 참 존경해요. 그런데 왜 그러는지 모르겠는데 그분이 제 전화를 받지를 않아요. 다음 달에 여는 심포지엄에 꼭 초대를 드려가지고 자리를 빛내주셨으면 좋겠는데, 주제가 하와의 원죄와 여성의 나아갈 길이거든요. 여러분도 관심 있으시면 팸플릿 보내드릴 테니까 참석들 해주세요.

제가 준비한 이야기는 여기까지인데, 어떻습니까? 이런 내용으로 충분하겠습니까?

만남과 헤어짐

우리가 처음 만난 것은 2010년 여름의 일이다. 당시 나는 사회운동 주간지에 정기적으로 사진을 기고하는 아르바이트를 하느라, 거의 하루도 거르지 않고 카메라를 들고 시내의 집회를 쫓아다니고 있었다. 그날도 어느 문화제에 참석하기 위해 모교 캠퍼스를 방문한 참이었다. 졸업하고 3년 만이었다.

피켓을 들고 노래를 부르는 대학생들을 한차례 촬영한 뒤 아직 꺾이지 않은 오후의 더위를 식히기 위해 건물 안으로 잠시 피신하듯 들어선 참이었다. 근년에 리모델링된 외관과 달리 건물 내부는 낡은 모습 그대로였다. 회색과 검은색의 점박이로 이루어진 가짜 대리석 기둥을 보자 문득 향수 비슷한 것이 밀려들었다. 오후 수업이 대부분 끝나 오가는 학생이 별로 없었다. 계단을 올랐다. 3층과 4층 사이 계단 아래 구석에 있던 동아리방이 아직도 존재하는지 궁금했던 것이다.

문학 동아리는 내가 학교를 다니던 2000년대 초반 무렵부터 이미 가장 인기 없는 동아리의 위치에 놓여 있었다. 학기가 끝날 때마다 회원 수가 줄어들어 존속 여부가 불확실한 상황이었다. 활자와 가까이 지내는 학생이라도 그룹 토론이 목적인 경제사회 분야 독서 클럽이나 영어 스피치 동아리에 들어가면 모를까, 골방에 틀어박혀 소설이나 읽는 동아리에 관심을 두는 학생은 많지 않았다. 모두가 한 손에는 토익 문제집, 다른 한 손에는 자기계발서를 들고 있는 캠퍼스의 풍경 속에서, 가장 말수가 적고 가장 칙칙한 표정을 한 아이들만 그 동아리의 문을 두드렸다. 나도 그중 하나였다.

졸업 후 연이 닿는 후배들과 안부를 나누다 동아리의 소식을 물으면, 곧 망할 것 같다거나 이미 망한 것과 다름없다는 농담 섞인 대답이 들려왔다. 그러고는 어느 시점에선가 소식이 끊겼다. 언제 슬그머니 없어졌다 해도 이상하지 않을 일이었다.

문이 약간 열려 있었다. 문틈 사이로 골방의 냉기가 흘러나왔다. 이상 폭염이 연일 뉴스를 장식하던 해에도 덥지 않던, 이상하게 서늘한 기운이 가득한 공간이었다. 문을 벌컥 열기가 뭐해서 빼꼼 열린 문에 대고 어색하게 노크를 했다. 똑똑. 대답이 없었다. 똑똑. 조금 더 크게 두드려봤지만 아무 기척도 들리지 않았다. 아무도 없나 보다 싶어 조심스레 문을 밀고 들어갔다.

누르스름한 벽지와 갈색 소파, 책장에 꽂힌 먼지투성이 시집들. 구석에는 길쭉한 나무 탁자 하나. 시간이 박제된 듯 모든 게 그대로였다. 그리고 누군가와 눈이 마주쳤다. 탁자 안쪽에 앉아 있는, 동그란 안경을 쓴 20대 초반의 여자. 나는 사람이 있었다는 사실에 조금 무안해졌다.

누가 계셨네요. 죄송합니다. 저 졸업생인데, 오랜만에 학교 왔다가 한번 들러봤어요. 잠깐 실례해도 될까요?

그녀는 나를 쳐다보고 있었지만, 계속 대꾸가 없었다. 나는 이제 얼굴이 약간 붉어질 만큼 무안해졌다. 뭐 하자는 거야.

그녀는 앞에 펼쳐져 있던 책을 덮고는, 가방에서 노트를 하나 꺼냈다. 몇 자 적더니 볼펜과 노트를 내 쪽으로 가만히 밀었다.

말을 하지 못해요. 필담으로 하실래요?

정갈하고 깨끗한 글씨체였다. 나는 티슈를 꺼내 손의 땀을 닦고는, 펜을 넘겨받아 그 아랫줄에다 썼다.

반갑습니다. 잠시 말동무해요.

우리는 그날 버스가 끊기기 직전까지 여섯 시간 동안이나 대화를 나누었고, 그렇게 시작한 필담은 이후로 4년 동안 지속되었다. ↵

현이 농인이 아니라는 사실을, 나는 첫 만남으로부터 두 달 뒤에야 알게 되었다. 우리는 간헐적으로 문자메시지와 채팅으로 대화를 이어갔는데, 내가 다음에 만나면 수화를 가르쳐달라고 했더니 자

신도 모른다고 대꾸한 것이다. 나는 버럭 화를 냈다. 재미로 한 장난이라기에는 무례한 행동이지 않으냐고, 나는 대놓고 실망을 드러냈다. 그러나 현은 당황하는 기색도 없이 대답했다. 당시에 말을 하지 못한다고 표현했을 뿐 거짓말을 한 적은 없다고.

생각을 되짚어보니 우리는 처음 만난 날, 이와 관련해 이상하리만치 조금도 얘기를 나누지 않았다. 처음에는 실례가 될까 봐 내가 의식적으로 묻지 않기도 했지만, "뭐 읽고 계셨어요?"를 시작으로 몇 마디 나누자마자 대화의 주제가 곧바로 소설과 시와 온갖 기호와 취향의 영역으로 넘어갔기 때문에 서로의 신상에 대해서는 얘기 나눌 겨를조차 없었던 것이다.

나중에 안 사실이지만 현은 어린 시절 몇 년간 말을 잃은 적이 있고, 성인이 된 후에도 스트레스를 받거나 낯선 사람을 만나면 입 밖으로 말을 꺼내는 것을 꺼릴 때가 있었다. 처음 만난 날 현이 읽고 있던 책은 크리스토프 바타유의 『다다를 수 없는 나라』였다. 그 소설에는 복음을 전파하기 위해 먼 길을 떠난 프랑스 선교사들이 나온다. 1년을 넘긴 기나긴 항해 끝에 신부와 수녀는 베트남 남쪽 시골 마을에 도착해 순박한 농부들과 함께 살게 된다. 그러나 머잖아 프랑스대혁명이 조국을 휩쓸면서 교회 당국은 그들을 새까맣게 잊고 만다. 시간이 흐르면서 신부와 수녀는 자연과 시간만이 지휘하는 낯선 세계에서 모든 것을 새롭게 배워야 했다. 세상으로부터 잊히면서 그들은 진정한 자유를 얻을 수 있었다. 그들은 조국을 잊고, 기도도 잊었다.

현은 말도 신앙도 필요 없어지는 단계가, 그 자유가 부럽게 느껴진다고 했다. 그러나 거기까지 가기 위해서 얼마나 긴 문명의 시간이, 진심 어린 기도의 시간이, 얼마나 많은 언어가 필요한지도 조금은 가늠할 수 있을 것 같다고 덧붙였다.

이후에도 우리는 자주 필담을 나눴다. 좋아하는 시나 소설을 함께 필사하기도 했고, 말을 하다가도 한쪽이 노트를 꺼내면 자연스럽게 필담으로 대화를 나누었다. 특히 싸울 일이 있을 때는 가급적 글로 싸웠다. 그래서 기억의 창고를 뒤져 화난 현을 떠올리면 늘 얼굴

이 아니라 갈겨쓴 필체가 떠오른다. 나는 수많은 표정을 가진 그녀의 필체를 사랑했다. ↵

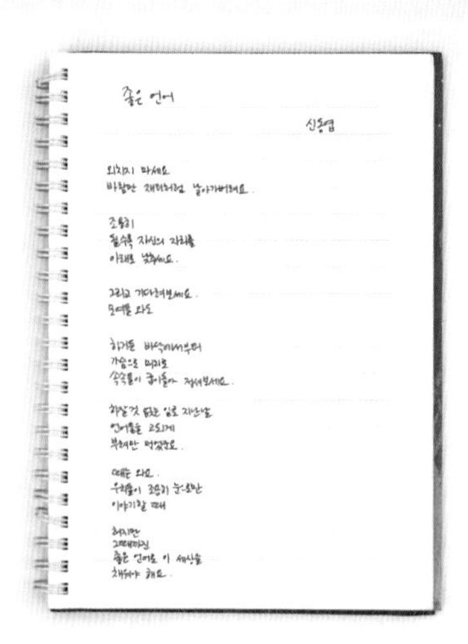
좋은 언어

신동엽

외치지 마세요
바람만 재티처럼 날아가버려요.

조용히
될수록 자신의 자리를
아래로 낮추세요.

그리고 기다려보세요.
모여들 와도

하거든 바닥에서부터
가슴으로 머리로
속속들이 구석구석 적셔보세요.

허잘것 없는 일로 지난날
언어들을 고되게
부려만 먹었군요.

때는 와요.
우리들이 조용히 눈으로만
이야기할 때

허지만
그때까진
좋은 언어로 이 세상을
채워야 해요.

여느 연인들이 그러듯이 나와 현은 특별하게 만나서 특별하지 않게 헤어졌다. 각자의 삶이라는 톱니바퀴에 맞물리면서 점점 멀어졌을 뿐이라고 친구들에게 말했고 나 역시 그렇게 믿었다. '잘 안 맞아서'라는 편리한 말에 우리를 구겨 넣을 수도 있었다. 나는 어디로든 끊임없이 움직여야 한다고 생각하는 사람이었고, 현은 가능하다면 한곳에 계속 고여 있으려는 사람처럼 보였다. 현의 내면에는 내가 입구를 볼 수는 있지만 함께 들어갈 수는 없는 방 같은 것이 있었다. 현이 어두운 방 안에 침잠해 있는 시간이 길어질 때면, 나는 카메라를 들고 밖으로 나갔다. 도시의 속도감과 나이를 먹어간다는 불안 속에서 나는 우리를 들여다볼 힘을 잃고 있었다.

나에게 마음의 병이 있어서 그래.

현이 그렇게 말할 때마다 나는 어떻게 반응하는 게 옳은지 몰라 애매모호한 표현으로 대꾸를 했다.

사람의 마음은 원래 그 안에 희로애락을 다 품고 있는 거잖아.
아프고 아프지 않고는 없어. 마음은 여러 빛깔이 중첩된
스펙트럼 같은 걸 거야. 하루하루 그냥 지내다 보면 저 너머에

보이는 게 있을 거야. 내 말 믿어봐.

하지만 나도 사실 저 너머에 무엇이 보이는지 몰랐다. 실은, 저 너머라는 게 있다고 믿지도 않았던 것 같다.

어둠 속의 접촉

눈을 감고 상상해보면, 처음으로 불꽃을 맞닥뜨린 사람의 확장된 동공을 그릴 수가 있다. 귀를 기울여보자. 운이 좋았던 그 혹은 그녀가 지른 외마디 탄성, 뒤이어 금세 꺼져버리는 불씨를 보며 한숨처럼 조그맣게 내뱉은 탄식도 들을 수가 있다.

인간의 조상은 우연히 발견한 이 형체 없는 짐승을 다루는 법을 익히고 싶어 했을 것이다. 그리고 자신이 내던져진 환경 속에서 이를 이용해 자연의 힘을 통제해보려고 애를 쓰기 시작했을 것이다.

처음에 그들은 우연히 발견한 불꽃을 꺼트리지 않기 위해 조바심을 냈지만, 그다음에는 여기저기 이동하며 불을 찾아다니다가, 나중에는 원하는 곳에서 스스로 불을 지피는 법을 터득하게 되었다. 몸을 따뜻하게 만들고 한밤중에 접근해오는 동물들을 쫓고 음식을 조리했다.

불타는 나뭇조각에 기름을 묻혀 바람이 쉽사리 꺼트릴 수 없는 횃불을 만들고, 우묵하게 깎은 돌에 동물의 기름과 식물의 심지를 띄워 최초의 램프를 만들었다. 어두운 동굴 속 불꽃의 실루엣이 벽에 아른거릴 때, 자신의 팔과 다리가 만들어내는 그림자를 감상할 수도, 무언가를 그릴 수도 있게 되었다.

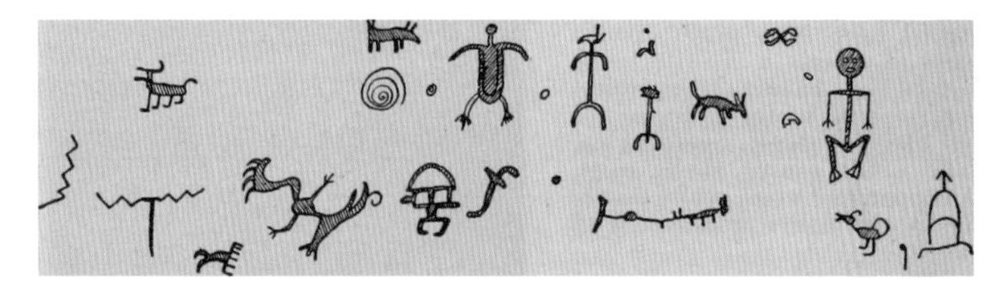

불을 길들이고 나니 어둠이 더는 숙명이 아니었다. 숙명을 넘어서는 의지와 상상력을 갖추자 다음 단계가 왔다. 밤이 되면 언제나 머리 위에서 또 다른 빛을 발하던 존재인 별에 관해서도 사유하게 된 것이다. 칼 세이건(Carl Sagan)은 그 순간을 맞이한 선사시대의 누군가가 했을 법한 생각을 다음과 같이 풀어썼다.

> 불꽃을 발견한 후로 나는 모닥불 옆에 앉아 별에 관해 많은 상상을 하고는 했다. 한 가지 생각이 서서히 떠올랐다. 별이 불꽃이라는 생각. 그리고 또 다른 생각이 떠올랐다. 별은 다른 세상의 사냥꾼들이 밤에 피우는 모닥불이겠지. 그렇지만 별은 모닥불보다 작은 빛을 낸다. 그러므로 별은 아주 멀리 떨어진 모닥불임에 틀림없다. "하지만", 친구들이 내게 묻는다. "어떻게 하늘에 모닥불을 피울 수 있지? 어째서 모닥불과 불꽃 곁에 앉아 있는 사냥꾼들이 우리의 발치로 떨어지지 않지? 어떻게 저 이상한 부족의 사람들은 하늘에서 떨어지지 않을까?"⑨

머나먼 곳에서 빛을 발하는 또 다른 공간은 인간의 호기심을 자극했고, 신을 가정하지 않고도 우주를 상상할 수 있는 여지를 점점 넓혀가게 되었다.

로버트 저매키스가 1997년에 연출한 영화 「콘택트」는 원작 소설에 비해 아쉬운 점이 많다는 평가를 받지만, 도입부가 무척 아름답다는 사실은 인정할 만하다. 첫 화면은 미국 대륙이 가까이 내려다보이는 지구의 대기권, 한 인공위성의 시점이다. 음악, 뉴스, 정치인의 연설 등 단파 방송이 송출하는 소리들이 짤막하게 끊기며 대기를 떠돌고 있다. 화면이 지구로부터 멀어지면서 소리들 역시 아스라이 멀어진다. 수성, 금성, 그 밖의 다른 행성들을 지나 어떤 소리도 들려오지 않을 무렵, 익숙한 이름의 행성들이 아득한 익명의 점이 되고, 몇 개의 블랙홀과 웜홀들을 지나, 원소 입자처럼 작아진 은하계의 별들이 한 덩어리의 성운이 되는가 싶더니, 화면이 줌아웃되는 순간 성운의 정체는 한 소녀의 반짝이는 눈동자로 밝혀진다.

일찍이 어머니를 여읜 소녀 엘리는 밤마다 미지의 누군가와 교신이 닿기를 기대하며 단파 방송에 귀를 기울인다. 아버지마저 돌아가신 후 신의 존재를 믿지 않는 과학자로 성장한 엘리는 외계 생명체의 존재를 끈질기게 탐색한다. 이윽고 머나먼 별 베가성으로부터

온 메시지를 받고 블랙홀로 들어간 엘리는 죽은 아버지의 형상을 한 외계인을 만나 대화를 나누게 된다. 물론 지구로 돌아온 엘리의 말을 세상은 믿어주지 않는다. 그 만남은 과학적으로 증명할 수도, 논리적으로 설명할 수도 없는 무엇이었기 때문이다. 그러나 엘리는 자신이 평생 찾아 헤매던 것이 무엇이었는지에 대한 해답 대신 크나큰 위로를 받고 돌아왔다. 그것을 믿음의 복구라고 해야 할지, 또 다른 희망이라고 해야 할지는 관객의 판단으로 남는다. ↵

엘리는 "이 거대한 우주에 우리만 존재한다는 것은 공간의 낭비"라고 말한다. 하지만 이 영화가 말하려는 것이 외계 생명체와의 조우 그 자체는 아니다. 영화의 제목은 '접촉'이지만, 접촉이란 '사건'이 아니라 '상태'일 수 있다. 그 상태는 A와 B가 연결될 수 있다는 가능성을 인식하는 데서 출발한다.

다른 행성에 누군가가 존재하지 않는다고 하더라도, 혹은 그 존재와 소통하거나 서로 이해하거나 결코 조우하지 못한다고 하더라도, 이 광막한 우주에 혼자 있지 않다는 느낌만으로도 우리는 위로를 받을 수 있는 게 아닐까?

김상욱 물리학자는 우리 주위에 존재하는 전기장의 원리를 설명하는 과정에서 '접촉'의 상태를 한 차원 다른 방식으로 묘사한다.

우주에 빈 공간은 없다. 존재가 있으면 그 주변은 장으로 충만해진다. 존재가 진동하면 주변에는 장의 파동이 만들어지며, 존재의 떨림을 우주 구석구석까지 빛의 속도로

전달한다. 이렇게 온 우주는 서로 연결되어 속삭임을 주고받는다.⑩

이것은 시적인 표현이 아니라 과학적인 사실이다. 그러나 모든 존재가 진동하고 우주는 파동으로 가득 차 있다는 물리학적 원리를 잠시 곱씹는 순간, 많은 것이 다르게 보인다. 삭막한 현실에 시적인 울림이 전해진다.

'언택트'라는 이상한 조어가 재난 시대의 일상으로 파고들었다. 하지만 개별 존재 누구나 우주의 일부라는 사실을 인식할 때, 외따로 떨어져 있는 다른 존재들의 의미와 안녕에 대해 곰곰 생각할 때, 모든 것은 이미 연결되어 있다. A와 B는 접촉 중이다.

손때

시각예술에서 흰색이 갖는 위상과 중요성은 의심할 여지가 없다. '화이트 큐브(white cube)'란 용어에서 볼 수 있듯이, 흰색은 20세기 모더니즘의 지형 안에 이루어져 온 현대미술의 장(場)을 지칭하는 표현에도 쓰인다. 이처럼 흰색은 무결하고 중성적이면서 가치판단을 유보하는 보편타당한 이성적 가치를 지시하는 듯한데, 이는 현대미술이 더 이상 아름다움(美)을 추구하는 것이 아니라, 개념과 이론에 근거한 논리의 지형이라는 것을 명징하게 드러내는 지표로도 여겨진다.⑪

나는 큐레이터가 내민 도록의 서문을 다 읽고 책장을 넘겨 전시 전경을 촬영한 사진들을 훑어보았다. 천장과 바닥 사이에 옥양목, 실크와 같은 무명천이 드리워져 있었다. 삼실을 뜨개질해 만든 향로에서는 흰 연기가 피어올랐다. 대리석과 우레탄폼 등 하얀색으로 마감된 다양한 설치물들이 보이고 전시장 한편에는 설탕, 밀가루, 비누, 소면, 물감 등 일상에서 흔히 볼 수 있는 백색 사물들을 나열해놓은 진열대도 있었다.

전시가 끝날 무렵에는 바닥 색깔이 달랐어요.

큐레이터가 말했다.

'화이트'가 키워드이다 보니 공간에도 흰색을 적극적으로 끌어들인 전시였거든요. 온통 하얗다 보니까, 전시가 진행되는 동안 바닥이며 공간에 조금씩 때가 타더라고요. 거뭇거뭇하게요. 그러다 보니까 자연스럽게 화이트에서 블랙으로 이번 전시 주제가 넘어오게 된 면이 있어요. 시간의 자연스러운 축적을 보여주는 것 같아서, 때라는 게 꼭 부정적인 것만은 아니라는 생각도 들었고요.

하얀 마스크를 쓴 큐레이터는 잠시 허리에 한 손을 얹었다 뗐다. 이번 달로 25주 차라고 했는데, 아직 배가 많이 부르지 않아 말하지 않으면 모를 뻔했다. 옆에서 보면 낮은 언덕처럼 봉긋한 정도였다. 나는 '때'라는 단어를 다이어리에 적고는 조금 겸연쩍은 웃음을 지었다.

어렸을 때 생각이 나네요. 아버지 손톱 밑에 늘 새카맣게 때가 껴 있었거든요.

무슨 일 하셨는데요?

동사무소 말단 공무원이요. 하루 종일 허드렛일 도맡아 하다 보니까 퇴근하고 집에 오면 몰골이 영 엉망이었죠.

어머니는 농담인지 진담인지 모를 어조로 말하곤 했다.

내가 화이트칼라한테 시집갈라고 촌구석에서 서울로 도망 왔는데 늬 아버지 만나서 팔자를 못 폈어, 팔자를.

그러나 아버지는 성실한 가장이었다. 부엌도 안 딸린 단칸 셋방에서부터 어머니와 살림을 차렸다는 아버지는 우리 남매가 자라면서 진급을 했고, 그에 따라 가계는 조금씩 나아졌다. 그래도 어머니는 아버지의 땟국물 흐르는 와이셔츠를 빨 때마다 그 농담인지 진담인지 모를 혼잣말을 잊지 않았다.

나는 작업실로 돌아오는 길에 이런 하나 마나 한 이야기들을 큐레이터에게 했던 것을 후회했다. 그러고는 생각했다. 검은색이라는 테마에 대한 생각이 자꾸만 현에 대한 기억으로 귀결된다는 사실에 관해서는 왜 말하지 못했을까.

다이어리를 펴자 검정, 시간, 손, 때, 이런 단어들이 적힌 것이 눈에 들어왔고, 이것들을 들여다보고 있자니 그래도 좀 새로운 기억이 떠올랐다. 대학생 사진 공모전에서 처음으로 상금을 받았을 때 유럽으로 짧은 여행을 다녀왔던 일이다. 오래 저축한 돈을 보태어 큰맘 먹고 하는 여행이었지만 6박 7일간 5개국을 도는 코스는 현명한 선택이 아니었다. 유명한 관광지에서 기념사진만 찍고 하루에도 여러 도시를 정신없이 이동해야 하는 일정이었다. 프라하에서 묵던 마지막 날은 시간이 아까워 끼니도 대충 때웠다. 그러나 프라하의 야경을 보는 순간 모든 것이 만회되는 기분이었다. 카를교에 올라 바라보는 구시가지의 풍광은 듣던 대로 고즈넉하고 아름다웠다. 다리는 악기를 연주하는 사람, 초상화를 그려주는 사람, 단체 관광객들, 허리를 감싸고 걷는 연인들로 북적대고 있었다.

PRAGUE. Statue of St. John Nepomuc. 274

나는 교각을 따라 걸으며 다리 양쪽으로 도열해 있는 동상을 구경했다. 여행 가이드북에 적힌 내용에 따르면 성서에 등장하는 인물들과 체코의 성인들이라고 했다. 총 서른 개인 이 동상들은 17세기

후반부터 250여 년 동안 천천히 제작된 것이었다. 그중에서 관광객들에게 가장 인기 있는 것은 성 얀 네포무츠키 신부의 동상이었다. 왕비의 외도를 의심한 바츨라프 4세가 네포무츠키 신부에게 왕비의 고해성사 내용을 들려달라고 요구했지만, 신부는 일언지하에 거절했다. 결국 신부는 혀가 잘리고 돌에 매달려 블타바 강에 던져졌다.

동상의 하단에 붙어 있는 부조 동판에는 이 순교 장면이 묘사되어 있었다. 동판에 손을 대고 소원을 빌면 이루어진다는 미신 때문에, 동상 앞에는 긴 줄이 늘어서 있었다. 호기심이 들어 나도 인파에 끼어보았는데, 내 차례가 되니 막상 무슨 소원을 빌어야 할지 당황스러워 동판을 빤히 바라만 보았다.

헌책방에서 구입한 가이드북의 사진 속 동판은 사람들이 하도 만지는 바람에 새까맣게 손때가 타 있었다. 그런데 실제로 보니 다른 모습이었다. 세월이 흐르면서 전체적으로 거무스름하게 산화된 동상에서 그 부분만 오히려 금빛으로 윤이 나기 시작한 것이었다. 그 왼편 부조에 묘사되어 있는, 신부와 함께 죽임을 당했다는 충직한 개도 마찬가지였다.

밤안개가 옅게 깔린 캄캄한 카를교 위에서, 뭇사람들의 염원으로 손때가 타다 못해 반질반질 닳아버린 순교자와 그의 개만이 고요히 빛을 발하고 있었다.

블랙홀과 웜홀

이 이미지는 어도비 스톡 웹사이트에서 '블랙홀'이라는 키워드로 검색한 결과물 중 하나다. 과학적으로 엄밀하지 않은 대다수 사람들의 상상 속에서 블랙홀은 이런 모습을 하고 있다. 좀 더 근사하게 생긴, 불가해하고 신비한 블랙홀을 떠올려보자. 훨씬 화려한 이미지도 떠올릴 수 있을 것이다. 상상을 초월하는 강력한 중력으로 주변의 모든 것을 맹렬하게 빨아들이는 구멍.

그런데 국제 연구협력 프로젝트 EHT(Event Horizon Telescope, 사건의 지평선 망원경) 팀이 2019년 4월 10일 촬영에 성공한 진짜 블랙홀의 모습이 다음 장의 사진이다.

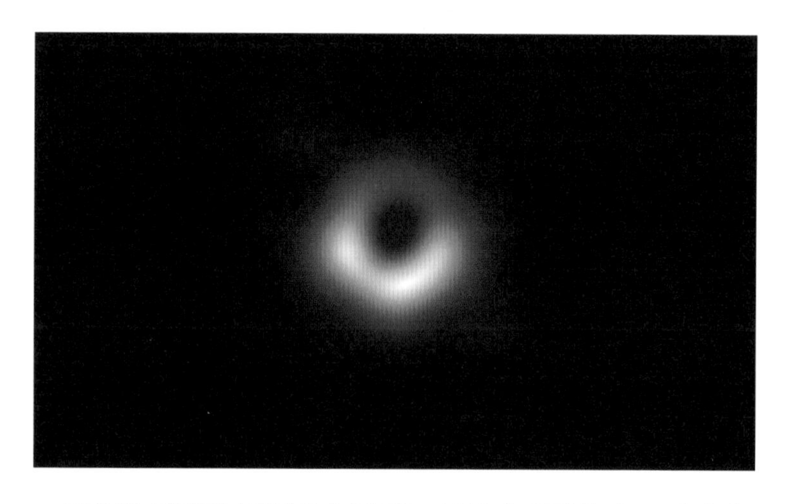

가운데 희미한 구멍처럼 보이는 부분이 블랙홀의 그림자이고, 그 주변에 반지처럼 보이는 부분은 블랙홀의 중력 때문에 빛이 휘어진 것이다. 블랙홀은 이렇게 그림자로써 그 실체를 드러냈다. 블랙홀 자체는 실제로 촬영될 수 없기 때문이다. 이 사진은 어떤 사람들에게는 다소 실망스러운 이미지일 수 있다. 어딘가 모르게 카리스마와 절대성이 부족한 느낌이 든다. 솔직히 말하자면 촛농이 흘러내리는 타다 만 양초처럼 보일 정도다. 우주에 대한 현대인의 상상력은 선사시대의 누군가가 했음직한 상상과 크게 다르지 않은 수준인 것이다.

그러나 과학계는 탄성을 내질렀다. EHT 프로젝트의 과학위원회 의장인 하이노 팔케(Heino Falcke) 교수는 말했다.

> 이전에 여러분은 블랙홀의 이미지를 수도 없이 보았을 겁니다. 그러나 그것들은 모두 시뮬레이션이나 애니메이션이었습니다. 오늘 이 이미지는 우리에게 소중합니다. 비로소 현실이기 때문입니다.⑫

과학적 발견을 추동하는 힘은 거대하고 절대적인 것에 대한 열망이겠지만, 미래는 본래 작은 도약들을 발판 삼아 점진적으로 온다. 하나의 블랙홀을 촬영하기 위해서는 지구만 한 초대형 망원경이 필요하다고 한다. 그러나 그렇게 거대한 망원경이 존재할 리 없다. 미국 매사추세츠 공과대학 대학원생 케이티 부만은 거대한 망원경 대신 지구 곳곳에 위치한 망원경 데이터를 연결해 하나로 묶는 알고리

듬을 개발했다. 이 알고리듬을 바탕으로 과학자들이 남극에서부터 애리조나, 멕시코, 스페인까지 전 세계 여섯 개 대륙에 배치된 여덟 대의 망원경을 연결해 동시에 관측을 시도한 결과, 블랙홀의 활동을 고속 프레임으로 촬영하는 데 성공한 것이다.

이렇게 해서 지구에서 광속 5200만 년 떨어진 거리에 위치한 M87 성운의 블랙홀은 우리 앞에 상상이나 가설이 아닌 현실이 되어 나타났다. 그리고 이 이미지는 아인슈타인의 일반 상대성 이론 이후 과학자들을 괴롭혀온 질문, "보이지 않는 무언가를 어떻게 기록할 것인가?"라는 과제에 하나의 답을 선사해주었다. ↵

사실 블랙홀이 존재한다는 최초의 증거가 나온 것은 그리 오래된 일이 아니다. 1992년 2월 11일 미국 국립천문광학연구소(NORO)가 주위의 별들을 무한한 어둠 속으로 끌어당기는 블랙홀의 모습을 허블 우주망원경으로 담았다. 그보다 14년 전인 1978년에는 피터 영이 M87 성운 중심에 별들의 밀집 현상이 일어난다는 점을 학계에 알렸다. 그러나 주장을 입증할 방법이 없었다.

블랙홀의 존재를 과학적으로 입증하지 못하는 동안에도 인간은 블랙홀에 대한 사유를 멈추지 않았다. 주변의 물질과 빛을 모두 빨아들이고 그 근처에서는 시간이 극도로 느리게 간다는 점에서, 블랙홀은 과학적 가설이기 이전에 인간의 상상력을 자극하는 가능성이었다. 이 매혹적인 구멍은 시간과 공간에 새로운 관점으로 접근하는 단초가 되었다. SF소설이나 미래를 다룬 영화는 거의 모두가 블랙홀의 상상력에 빚지고 있다.

블랙홀에 대한 단상이 시작된 것은 한참을 거슬러 올라가, 17세기 말 아이작 뉴턴이 중력을 발견하면서부터다. 사과나무에서 떨어진 한 알의 사과 덕분에 가능한 발견이었다.

중력이란 시간과 관련이 있다. 중력이 커지면 시간은 상대적으로 천천히 흐르고, 중력이 작아지면 상대적으로 빠르게 흐른다. 그래서 행성마다 시간의 속도가 다른 것이다.

중력과 시간의 관계는 과학적인 영역이다. 그럼에도 이 긴밀한 한 쌍을 비유적인 수사로 받아들이는 것이 무리는 아니다. 일상의 세계에서 중력은 삶의 무게를 체감하는 감각의 크기인 것이다. 우리의 발목을 붙잡고 집요하게 끌어당기는 현실의 무게가 클 때, 삶은 끝나지 않는 사막처럼 지루하고 형벌처럼 견디기 어려워진다.

반대로 시간이 쏜살과 같아지는 때가 있다. 무릉도원에서 장기 한 판 두는 사이 도끼 자루가 썩고 수십 년이 흘러가버렸다는 이야기는 우리가 실제로 경험하는 시간의 상대성을 묘사한 것이다. 사랑하는 사람의 곁에서 보내는 하룻밤이 찰나처럼 사라져버리지 않는다면 시간이라는 것이 그토록 소중하고 애틋한 것이 되지는 않을 터다. ↵

사과 한 알을 떠올리는 일은 웜홀의 원리를 이해할 때도 도움을 준다. 벌레가 사과 표면의 한쪽에서 다른 쪽으로 이동할 때, 가운데로 파먹은 구멍을 통과해서 가면 둥근 표면을 따라 기어가는 것보다 빨리 갈 수 있다. 산허리에 구멍을 뚫어 터널을 만드는 일도 이동 시간을 단축하기 위한 것이다. 마찬가지로 우주라는 거대한 공간도 가운데에 구멍을 뚫어볼 수 있을 것이다. 이것이 우주에서 먼 거리를 가로질러 지름길로 여행할 수 있는 가설적 통로인 웜홀이다.

웹상 하이퍼링크나 책의 주석 또한 넓은 의미에서의 웜홀로 간주할 수 있다. 책이라는 매체는 그 자체로는 선형적인 시간성을 갖는다. 하지만 독자라는 존재 덕분에 책이 품는 시간의 흐름은 비선

형적으로 재구성될 수 있다. 이 책 곳곳에 뚫어둔 작은 구멍들을 통해 당신도 자유롭게 이동할 수 있기를 바란다. 시간을 단축하기 위해서가 아니라, 당신이 원하는 것을 찾으며 자발적으로 길을 잃기 위해서 말이다.

시간과 방

원숭이가 말했다.

우화의 한가운데서 살다 보면 과거와 현재와 미래가 각기
하나의 방처럼 여겨질 때가 있다네. 그 방들은 창문 하나
없이 고립된 공간이어서 마음대로 옮겨 다닐 수 없는 것처럼
보여. 어둠 속에 있을 때 당신은 절망에 빠져 적을 상정하는
습관을 기르지. 과거에 한 발을 딛고, 또 한 발로는 미래로부터
뒷걸음질을 치는, 무모하고 괴팍하고 이해할 수 없는 어떤 적을.
그러나 누가 누구를 위협하고 누가 누구로부터 도망치는지
짐작도 하지 못하는 채로, 당신이 열쇠를 삼키고 문을 걸어
잠그는 것을 나는 보았다네.
현인들은 당신이 풀어야 할 수수께끼의 답을 다 빼앗아갔어.
그러고는 아무것도 되돌려주지 않지. 가끔, 아주 가끔 당신이
고개를 들어 나를 쳐다볼 때가 있어. 먼 조상의 이름처럼
단모음을 잔뜩 넣어 나를 부르는 것을 나는 어둠 속에서 들었지.
하지만 나에겐 주머니도 없고 모자도 없다네. 우화의 한가운데서
살다 보면 과거와 미래 사이에 다른 무엇도 아닌 당신이
존재한다는 사실을 잊게 돼. 당신은 당신이 과거의 어느 날 동굴
벽에 정성껏 그려 넣은 그림의 의미를 알아차리는 데 언제나
실패하지. 그리고 세상이라는 바다를 건너는 법을 이해하기 위해
거기서 건져 올린 이미지들을 난도질하곤 해. 무언가를 오랫동안
바라보려는 노력에 비해 눈을 한 번 깜빡인 뒤 분노하거나
감동에 빠지는 것은 참으로 쉬운 일이야. 정글에서 문명의 도시로
붙잡혀 온 고릴라가 자신을 묶은 사슬을 뜯어내면서 포효할 때

당신은 『공산당 선언』을 막 읽고 난 프롤레타리아의 얼굴을 보지 않나? 물살을 거슬러 헤엄치는 물고기 떼의 지느러미로부터 국경을 넘는 조각배의 끄트머리에 매달린 실향민의 몸짓을 보는 것처럼 말야. 당신은 그것을 인간만이 가진 최후의 자질이라고 착각하곤 하지. 그리고 어둠 속에 돋아난 보름달을 올려다봐. 놀라운 일이지. 그 안에는 당신이 줄거리를 상상해낼 수 있는 모든 이야기가 이미 다 새겨져 있으니. 적과 동지가 하나인 전쟁,

사랑이 없는 사랑, 혁명을 폐기하는 혁명. 고개를 떨구는 순간, 쌓아 올리는 동시에 허물어지는 모래성처럼 당신이 힘겹게 모아온 시간은 당신의 손안에서 우수수 흩어져버린다네. 그러나 무엇보다도 손쉽고도 어리석은 일은 바로 시간과 사랑에 빠지는 일일 거야. 당신이 읽는 책들 또한 시간을 압축해놓은 하나의 방이지. 책을 펼치면 네 귀퉁이와 네 모서리를 가진 평면의 공간이 눈앞에 나타나. 당신은 그 네모난 공간 속에서 일련의

흐름에 따라 누군가의 축적된 시간, 과거라는 발자국의 패턴을 읽는 거야. 왼쪽에서 오른쪽으로, 때로는 언어와 문화에 따라 그 반대로. 하지만 이 세계는 불확정적인 세계야. 경계가 흐려지기도 하고 틀이 확장되기도 해. 멋진 일이지. 당신은 미주를 읽기 위해, 또는 색인을 찾아보기 위해 책의 맨 뒤를 자꾸만 열어보며 왔다 갔다 해. 어떤 경우에는 깔끔하게 조판된 문장 아래 연필로 밑줄을 죽죽 긋고 그 옆의 여백에 깨알 같은 글씨로 첨언을 하기도 해. 또 당신은 책장 위나 아래 귀퉁이를 접거나 알록달록한 반투명 포스트잇을 붙여, 내부의 어떤 순간으로 가로질러 가기 위한 푯말을 책장을 덮고도 볼 수 있게끔 만드는 일을 좋아하지. 하지만 가장 길을 잃기 쉬운 곳이 그곳이기도 하다는 걸 당신도 아마 모르지 않을 테지. 나는 당신이 그 방들, 그 공간들을 일말의 가능성으로, 감옥에 숨구멍을 내는 창문으로, 또는 얼어붙은 심장을 내리치는 도끼로 묘사하는 옛이야기들을 좋아한다는 사실을 알고 있다네. 그런데 혹시 이런 상상을 해본 적 있나? 어느 날 끔찍한 재앙이 일어나 세상에 존재하는 모든 도서관과 박물관과 서점이 다 파괴되어버리는 걸세. 훗날 당신은 그 사건을 인류의 지성과 상상력이 허물어진 비극이라고 부르겠지만, 사실 소멸되는 것은 과거의 악행이라네. 죽음에 이른 것은 본디 언어와 숫자와 이미지로만 남는 법인데, 그 모든 폭력과 혼돈의 역사로부터 남겨진 기록과 함께 당신의 과거는 깨끗이 지워지는 거야. 당신에게는 그것이 역설적으로 구원일지도 모른다는 생각이 들지 않나? 물론 '끝'이라는 것의 합당한 때와 자리를 이 모순으로 가득 찬 세계에서 집어내기란 어려운 일이지. 생과 사는 물론이요 옳고 그름도 이성이나 법으로 재단할 수 없는 곳이니까 말이야. 오랫동안 지켜봤지. 법 없이도 살 수 있는 사람이라는 말을 듣는 그런 사람들만이 가장 품위 없는 죽음을 맞더군. 빙하처럼 느리고 게으른 시간 속에서 영악하고 약삭빠른 자들만이 온전히 살아남는 걸세. 당신은 가끔 이해할 수 없다는 표정으로 하늘을 올려다보지. 하지만 어쩔 수 없는 일이라네. 신은 심판하는 자가 아니라 관전하는 자니까. 짓궂은 비가 그치고 몸의 솜털이 마를 때쯤 비둘기는 멀리 날아가버리지. 우화의 한가운데서 살다 보면 비둘기가 작은 씨앗을 물고 돌아오기를 기대하겠지만 현명한 비둘기들은 난파된 배로는 결코 다시 돌아오지 않아. 보이나? 수세기 전에 다른 행성을 출발한 빛이 이곳에 도달하기까지, 당신과 당신의 그림자가 한 걸음도 움직이지 못한 채 당신을 닮은 이의 무덤 위에 머물러 있는 것이. 나는 그것을 문명이라는 슬픈 이름으로 부른다네. 그 속에서 살아가는 이들은 아주 작은 감옥을 품 안에 하나씩 지니고 있어. 그리고 밤이면 밤마다 그 속에 스스로 들어가서 이불을 덮고 눕는다고. 어둠과의 공모 속에서 당신은 영원히 반복되는 실험에 가담하지. 당신은 꿈을 꿔. 홀로 살아남는 꿈을. 그리고 다음 순간 다른 꿈을 꾼다네. 그럴 바에는 차라리 죽는 편을 택하는 꿈을.

극야

전염병의 시대 한가운데를 지나고 있다. 확진자의 수가 줄어들 기세를 보이지 않자 정부는 '사회적 거리두기' 지침을 한 단계 올렸다. 활동반경이 좁아져 갑갑한 마음이 들 때마다 나는 다큐멘터리 방송을 틀고 머나먼 나라들을 구경한다. 극지에 가까운 땅 핀란드 북부 지역에서는 1년에 6개월 이상 밤이 계속되는 현상이 나타난다고 한다. 백야의 반대인 극야(極夜)다. 이 시기에는 지평선 위로 해가 뜨지 않고 밤만 계속 이어진다. 그렇다고 해서 24시간 세상이 캄캄한 것은 아니다. 희미하고 침침한 빛이 주위를 감싸는 미묘한 밤이 지속되는 것이다. 암흑이라고 할 수는 없는 밤. 날이 밝았다고 할 수는 없는 낮. 화면은 핀란드 어디를 가나 건물 안팎에 온도계와 함께 나란히 걸려 있는 무수히 많은 시계들을 보여주었다. 밤 같지 않은 밤이 너무 오래 계속되면 사람은 시간 감각을 쉽게 잃어버린다고 내레이터가 말했다.

아라비아의 과학자 이븐 알하이삼(Ibn al-Haytham)은 11세기에 카메라의 원리를 개발했다. 아주 간단한 장치였다. 필요한 것은 여덟 개 면을 막아 빛을 완전히 차단한 상자뿐이었다. 상자의 내부는 완전한 암흑이다. 한쪽 면에 바늘로 작은 구멍을 뚫는다. 이제 어떤 사물이 구멍으로 빛을 반사하면 상자 안쪽의 반대편 벽에 사물과 똑같은 상이 맺히게 된다. 이미지는 상하좌우가 뒤집혀서 나타났지만, 현실과 완벽히 닮은 복사본이었다. 이것이 라틴어로 '어두운 방'을 뜻하는 카메라 오브스쿠라(camera obscura)다. ↵

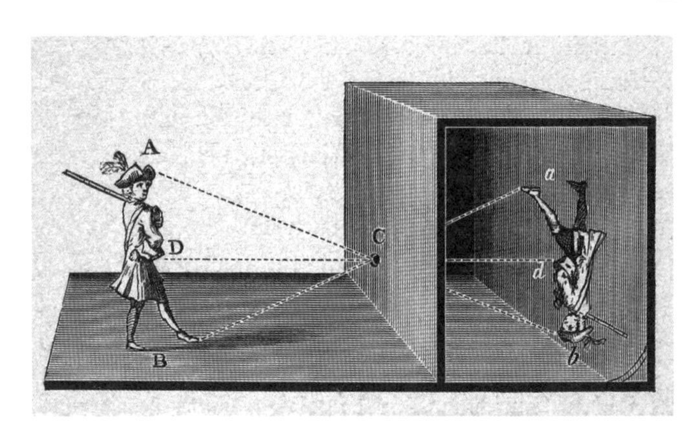

이 상자로부터 실질적인 도움을 받은 것은 후대의 화가들이었다. 레오나르도 다빈치나 얀 페르메이르와 같은 17세기 화가들은 바늘구멍을 통해 캔버스에 맺힌 모델의 상을 손쉽게 베껴 그릴 수 있었다.

데이비드 호크니는 2001년에 출간한 저서 『명화의 비밀』에서 현직 화가로서의 경험과 눈썰미를 토대로 도전적인 주장을 펼친다. 다빈치나 페르메이르와 같은 화가들이 카메라 오브스쿠라를 사용한 것으로 알려진 17세기보다 훨씬 이전부터 수많은 화가들이 광학 도구를 사용했으리라는 것이다.

호크니는 앵그르, 피사넬로, 카라바조 등의 그림을 예리하게 관찰하면서, 섬세한 세부 명암, 극도로 사실적인 직물 묘사와 같이 광학의 도움을 얻지 않고는 이루기 힘든 성취의 사례들을 수집했다. 특히 어떤 그림들에서 갑작스럽게 개선된 원근법의 정확도와 묘사의 수준을 눈여겨본 그는, 특정 시기에 나타난 극적인 변화들을 하루아침에 진일보한 실력으로 보기보다는 새로운 도구 사용의 증거로 보는 것이 자연스럽지 않을까 하는 견해를 피력했다.

호크니의 합리적인 의심은 보수적인 미술사가들 사이에 적지 않은 논쟁을 불러일으켰던 모양이다. 그러나 바늘구멍 상자의 발명과 전파가 사진술이라는 미래의 문을 여는 것 말고도 남몰래 또 하나의 역할을 했다는 점은 분명하다. 그것은 타고난 천재성과 손놀림으로 세계를 생생하게 표현하는 예술가를 뒤로하고, 광학 도구를 활용해 시간을 단축하고 묘사의 정확도를 끌어올리는 기술자로서의 화가라는 존재를 탄생시킨 것이었다. ↵

4세기가 흐른 뒤, 두 프랑스인이 새로운 아이디어를 고안해냈다. 바늘구멍 상자의 뒤쪽에 감광성 화학물질을 묻힌 판을 놓으면 어떨까? 니엡스는 금속판 위에다 빛에 노출되면 굳는 일종의 아스팔트를 발라서, 다게르는 구리판에 은을 입히고 수은 증기를 쬐는 방식으로, 허공의 이미지를 지면에 단단히 고정하는 데 성공했다. 이것이 어둠에서 탄생한 빛의 예술, 사진술의 시작이다. ↵

한편 춘추전국시대 중국의 사상가 중 묵자(墨子)라는 사람이 있었다. 공자와 비슷한 시대를 살아갔으리라는 것 외에는 생몰 연대가 정확히 기록되어 있지 않고 이름이 진짜인지도 명확치 않은 인물이다. 고대 중국에는 묵씨가 없었기 때문에 그의 이름은 여러 추측을 낳았다.

예를 들면 그가 묵형을 받은 사람이었을 거라는 주장이다. 묵형은 죄인이나 노동자의 얼굴에 먹물을 새겨 낙인을 찍는 형벌이었다. 어쩌면 그 이름은 중국어가 아닌 외국어에서 음역한 것일 수도 있고, 지금은 사라진 고대의 성일 수도 있다.

아무튼 상상으로나마 후대인이 남긴 묵자의 초상을 보면, 첫 번째 추측이 주요하게 받아들여지지는 않았던 것 같다. ↵

사상가이면서 과학에도 식견이 깊던 그는 광학과 물리학에 관해 많은 연구와 실험의 기록을 남겼다. 그중 빛이 직진하는 성질을 논하는 구절은 카메라 오브스쿠라의 원리를 정확히 짚어낸다. 그가 쓴 책은 알하이삼의 발견보다 300년 이상 앞선다고 한다.

> 빛이 사람에 이르러 비치는 것은 화살을 쏘는 것과 같다. 아래에 있는 빛이 사람에 이르면 그림자는 또 높아지고, 높은 곳의 빛이 사람에 이르면 그림자는 또 낮아진다. 발이 아래의 빛을 가리면, 그 때문에 그림자는 위에서 생긴다. 머리가 위의 빛을 가리면, 그 때문에 그림자는 아래에 생긴다. 멀리 또는 가까이 있는 교차점에 빛을 비치면, 그 때문에 거꾸로인 그림자가 밀실 안에 생긴다.[13]

중국은 그의 과학적 업적을 기리기 위해 2016년 쏘아 올린 세계 최초 양자통신위성의 이름을 묵자(Micius)호라 지었다. 중국과학원은 오스트리아와 함께 양자통신을 이용해 장거리에서 데이터를 물리적으로 이동시키는 실험에 성공했다.

중국 베이징과 오스트리아 빈에 위치한 두 기지국은 묵자호와 양자 암호 키를 연동한 다음, 암호화된 두 장의 이미지를 주고받았다. 베이징에서는 묵자의 초상화를, 빈에서는 오스트리아 이론물리학자 슈뢰딩거의 사진을 전송했다. 두 학자의 얼굴 이미지는 7600킬로미터 떨어진 거리를 순식간에 이동했다.

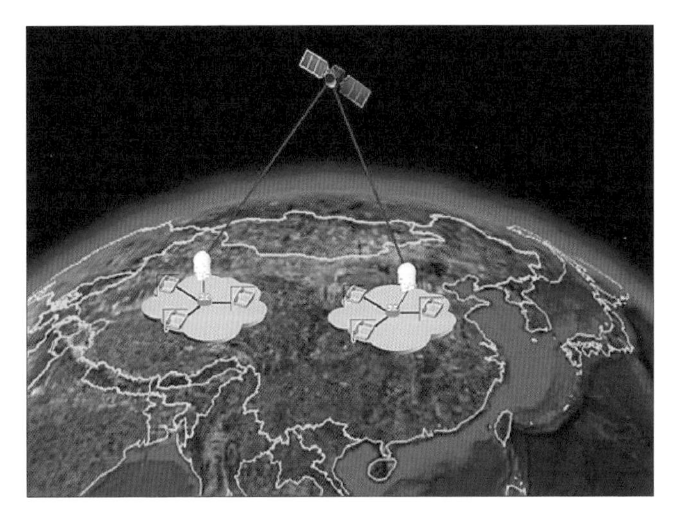

참고로 이 물리학자는 우리에게 '슈뢰딩거의 고양이'로 알려진, 양자역학의 불확정성 원리를 발견한 바로 그 슈뢰딩거다. 아이러니하게도 '슈뢰딩거의 고양이'는 원래 양자역학을 비판하기 위해 고안된 사고실험이었다. 고양이가 갇힌 상자에 독가스가 든 통을 연결하고 한 시간 안에 가스가 방출될 확률을 50%로 설정한다. 그러면 한 시간 뒤에 상자 속 고양이는 죽었는가 살았는가? 슈뢰딩거는 상자를 열어보기 전까지는 고양이가 살아 있으면서 동시에 죽어 있는 상태라는, 비상식적인 결론을 내놓았다. 그런데 이 오묘한 답이야말로 하나의 정해진 답이 있을 수 없는 양자역학을 정확히 설명하는 예가 되었다. ■

사실 양자역학은 너무 난해한 학문이어서 아무리 쉽게 풀어쓴 책을 읽어도 이해하기가 녹록지 않다. 어쨌거나 확실한 것은 어두운 상자 속에 이미지의 환영을 만들어냈던 과거의 호기심이 후대의 과학자들에게 빛의 성질에 관한 끊임없는 질문을 불러일으켰다는 사실, 그리하여 순간이동에 가까운 이미지의 전송을 성공시키는 오늘날에 이르렀다는 사실이다.

과학의 발전은 우리가 무엇인가를 안다는 것에는 근본적인 한계가 있다는 사실을 역설적으로 말해준다. 우주는 이제 막 알게 된 것과 아직 모르는 것이 동시에 공존하고 있는 어두운 상자와 같다. 그 상자는 바늘구멍 상자처럼 흥미진진하게 세상을 비추지만 때로는 고양이와 독가스를 넣은 상자처럼 두려움과 의문으로 가득 차 있다.(당신의 고양이가 부디 안녕하기를 빈다.)

미아

현의 이름은 절밥을 짓는 공양간 할멈이 지어준 것이었다. 현은 절에서 자란 어린 시절 얘기를 잘 하려 하지 않았다. 네 살부터 스님들 품에서 자랐다고만 할 뿐이었다. 그래도 할멈 이야기는 종종 들을 수 있었다. 주지스님은 여자아이 이름으로 다소 어둡지 않으냐고 하면서도 무슨 까닭에선지 할멈의 의견을 선뜻 받아주었다고 한다.

검을 현 자, 어떻게 쓰는지 알아?

노트에 의미 없는 낙서를 하던 현이 무심코 묻더니, 스스로 답했다.

이렇게, 작을 요 자가 밑에 있는 글자거든. 실오라기 하나가 실타래에서 끊어진 거야. 그런 아주 작은 물체가 하늘 위로 높이높이 올라가는 모습이야. 끈 떨어진 연이 멀리 날아가버린 것처럼. 산꼭대기에서 누가 손을 흔들면 점 하나가 희미하게 움직이는 것처럼. 저만치 거뭇하니 뭐가 있기는 한데 잘 안 보인다는 뜻이래. 아득하고, 까마득하고, 그런 거.

그 글자는 현과 잘 어울렸다. 나는 어쩌면 현을 만나는 동안 한 번도 그녀를 제대로 이해한 적이 없는지도 모르겠다는 생각을 했다. 할멈은 젊은 시절, 하나밖에 없는 딸을 잃어버렸다고 한다. 유괴가 흔하던 시절이었다. 현을 무척 예뻐했던 할멈은, 어느 날 새벽 법당 앞에서 쓰러져 구급차에 실려 간 뒤로 돌아오지 않았다.

어느 날인가 현과 거리를 걷다가 실종된 아이들의 사진을 지나친 적이 있다. 현이 우뚝 멈춰 서더니 사진을 유심히 들여다보았다.

왜 그렇게 뚫어지게 봐?

할머니 딸이 있을지도 모른다는 생각이 들어서.

얼굴을 알아?

아니.

이름은?

몰라.

나는 얼굴도 이름도 모르면서 어떻게 알아보겠느냐는 말을 속으로 삼켰다. 사진들을 훑고 있는 현의 집요한 눈빛을 보니, 그런 말을 할 수가 없었다. 그러고는 궁금해졌다. 혹시 현의 사진도 저중에 있지는 않을까. 그 후로 나도 미아 사진을 보면 그 안에서 어린 현을 찾게 되었다. 거기 있을 리 없다는 것을 알면서도, 본 적 없는 어떤 아이의 얼굴을 찾아 두리번거렸다. 그러다 보면 현과 닮은 아이도 보이고, 현과 전혀 닮지 않았지만 현 같은 아이도 보이고, 때로는 나와 닮은 아이도, 꼭 나 같은, 너무 나 같아서 눈을 뗄 수 없는 아이도 보이고는 했다.

먹 만드는 사람

이 글은 한상무 먹장과의 인터뷰 내용을 재구성한 것입니다.

중국의 4대 발명품 아시죠? 한지, 나침반, 화약, 그리고 인쇄술. 중국이 인쇄술을 완성하려고 별걸 다 했어요. 나무로 활자를 만들고 진흙도 구워보고 나중에는 금속활자까지 간 거예요. 중국은 청동기

시대 때부터 향로 같은 데다가 글자를 새겨놨어요. 그런데 그렇게 활판을 만들었으면 종이에 찍어도 봤을 텐데, 중국은 인쇄가 한국보다 늦어요. 유네스코가 세계에서 가장 오래된 금속활자 인쇄본이 고려의 직지심경이라고 공식적으로 인정을 했죠? 사실 그 이전부터도 우리는 금속활자를 종이에 찍은 기록이 있어요. 중국이 금속 인쇄판을 만드는 기술은 앞섰을지 모르지만 먹 기술이 고려보다 약했던 거예요.

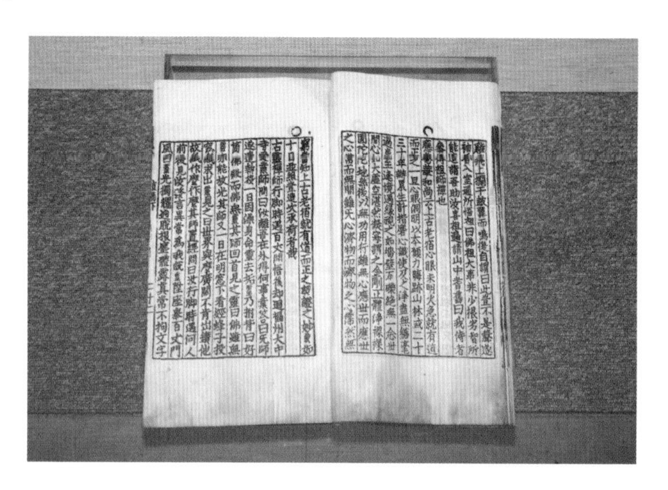

문방사우라는 말이 있죠? 종이, 붓, 벼루하고…… 그렇죠, 먹. 이중에서 어떻게 보면 제일 흥미로운 게 먹이에요. 그런데 먹은 지금 여러 사람들하고 싸우는 과정에 있어요. 역사학자들하고도 싸우고 있고 문화재청하고도 싸우고 있고. 주된 이유는 뭐냐. 다들 먹이 중국에서 시작됐다고 잘못 알고 있는 거죠.

중국 기록에 보면요. 북송시대 때 해초라는 아버지와 해정규라는 아들이 나와요. 원래는 북부여 왕이었던 해모수 집안사람들이야. 이 부자가 왜 중국까지 넘어가게 됐냐면, 고려의 네 번째 왕인 광종이 노비안검법을 발표해요. 고려 건국 때 지방 호족들 도움을 많이 받았는데, 호족들이 군사며 노비며 몇천 명씩 거느리고 세력을 떨치기 시작하니까 이들을 와해하려고 노비를 풀어주게 된 거야. 그러니까 노비들이 저녁에 와서 주인을 찔러 죽이고 해하는 일이 많아졌죠. 이 부자도 노비들이 무서워서 중국으로 도망을 가게 된 거예요.

근데 도망갈 때 가져간 물건 중에, 먹을 찍어 만드는 틀이 있었어. 이 틀로 먹을 찍기 시작하면서 중국에 제대로 된 먹이 나오기 시작해요. 그 전에는 동그랗게 뭉친 환의 형태로 된 먹만 썼지.

현대에 우리가 쓰고 있는 일반적인 먹은 석유 정제 과정에서 나오는 카본을 써요. 전통 먹은 재료가 완전히 달라요. 소나무를 태워서 만드는 걸 송연먹, 콩기름이나 들기름 같은 식물성 기름을 태워서 만드는 걸 유연먹이라고 하는데, 다 거기서 나오는 그을음을 모아서 만드는 거지요.

그을음을 채집한다는 게 사실, 쉬운 일이 아니에요. 아주 뜬구름 잡는 일이지. 연기 속에 갇혀 있는 나노 입자를 붙잡는 거야. 요즘 우리 밖에 나갈 때 마스크 KF94 필터 쓰죠? 촘촘해서 미세먼지보다 작은 마이크로미터를 걸러낸다고 그러죠. 근데 전통 먹은 마이크로미터의 1000분의 1인 나노를 잡아내서 만드는 거예요. 원시적으로만 할 수 있지 기계적으로는 못 하는 일이야. 불을 태워서 한지에 맺히는 그을음을 하나하나 긁어내는 거지. 이거 국가 기밀이니까 어디 가서 말하면 안 돼요. 실제로 고려시대, 조선시대 때까지 먹 만드는 건 국가적 사업이었어요. 국가에서 관리하는, 외부에 유출하면 안 되는 핵심 사업. 일종의 반도체 같은 거지.

일본에는 설립된 지 200년 넘은 먹 제조사들이 많아요. 세계적으로 유명해진 건 고매원이라고, 450년 된 회사가 있는데요. 이 회사가 문을 열고 15년 뒤에 임진왜란이 터지죠. 그때만 해도 조선에서 먹은 국가가 관리하는 기술이었는데, 일본에서 조선 기술자를 잡아다가 먹을 만들게 했어요. 대단한 점은, 450년 동안의 작업일지가 고스란히 남아 있어요. 굉장한 기록이죠. 일본은 그런 거 보면 신기해요. 고매원은 고용 형태가 지금도 평생직장, 종신고용이야. 그래서 공장 가보면 70, 80 먹은 노인들이 많이 계시고.

우리나라는 문헌이 별로 없어요. 『산림경제』 같은 데 보면 먹 얘기가 나오기는 하는데 재료나 기술에 대한 자세한 기록이 없어요. 왜냐. 먹 만드는 일이 노예 노동이었거든. 예를 들어 신라랑 백제랑 싸우다가 신라가 백제를 잡으면 먹 만드는 잡일을 전쟁 포로에게 시켰어요. 지금은 저를 먹장이라고 부르잖아요. 장인에게 '공'이나 '장'자를 붙이지요. 근데 조선 초까지만 해도요. 먹 만드는 사람한테 '척'자를 붙였어요. 우리나라에 이 집단이 세 곳 있었어요. 이척, 화척, 묵척. 이척은 나중에 남사당패가 되고 화척은 백정이 되고 묵척은 묵공이 되었죠. '척'자가 붙은 집단은 불가촉천민이야. 그래서 아무런 기록이 없어. 17세기부터 조금 나오는데, 그것도 먹장이 직접 쓴 게 아니고 중인계급이 관찰해서 남긴 거지. 먹은 깊고 깊은 산속에 나무가 울창한 곳에서 가마 떼며 만드는 건데, 중인들이 찾아가기도 쉽지는 않았을 거야.

그래도 옛날에는 먹 만들던 곳이 많았죠. 동네 이름을 보면 먹 만들던 곳이구나 짐작되는 곳들이 있어요. 묵정동, 먹골, 묵동, 먹뱅이골, 묵방리, 이런 곳들…… 지금은 먹 만드는 사람이 우리나라에 딱 네 명 있고 전통 먹을 만드는 건 나 하나뿐이에요. 일제강점기와 전쟁으로 끊긴 전통 먹의 역사를 70년 만에 이어보려 하고 있죠. 제가 유네스코에 한국의 전통 먹을 등재시키려고 노력하고 있는데, 참 답답해요. 쭉 전해져오지 않고 단절된 것은 등재할 수가 없대요. 1만 년 이상 전해져오다 전쟁의 아픈 역사로 잠시 중지된 것뿐인데, 그 공백을 삭제된 것으로만 취급하고 있어요. ■

보세요. 이게 송연먹인데, 30년 이상 된 소나무 뿌리부터 기둥, 가지까지 다 태워야 이거 한 개가 나와요. 그러니 비쌀 수밖에 없죠, 긴 시간이 스며들어 있는 거예요.

중국에서 말도 안 되게 싼값에 들어오는 먹도 있어요. 지각 변동으로 땅에 파묻힌 소나무를 캐내서 만든 거거든. 쉽게 말해서 석탄이지. 그런 건 갈아도 갈아도 회색이야. 진짜 좋은 먹은 그레이드가 있어. 아주 흐린 회색부터 새까만 것까지 최소한 서른 단계는 나와야 돼.

송연먹의 특징이 뭐냐면 아주 오묘한 검은색이 난다는 거야. 밤하늘의 색깔로 보자면 카본으로 만든 건 한밤중의 밤하늘 색깔이죠. 유연먹은 뭐냐. 석양의 색깔이야. 해 지고 났을 때의 색깔. 까맣되 붉은빛이 돌아. 그리고 송연먹은 해뜨기 직전의 밤하늘 색깔. 까맣되 푸른 빛. 색감 없는 사람이 보면 그냥 다 똑같은 까만색인데. 유심히 보면 참 다르지.

재밌는 게, 요즘은 먹으로 타투를 하는 사람도 있어요. 우리나라에 열 명 정도? 타투이스트 인구가 2만 명인데 대부분은 잉크로 하죠. 왜 하필 먹으로 하냐고 먹물 타투이스트한테 물어봤더니, 먹으로 하면은 통증이 금세 사라진대요. 그래서 스포츠 스타들이 찾기 시작했다는 거예요. 손연재는 팔목에다 했고, 김연아는 발목에다가 했어. 하하. 진짜야.

기차를 처음 타본 것은 일곱 살 때였다. 내가 네 살이 됐을 무렵 아버지의 발령으로 우리 가족은 영주로 이사를 했고 여덟 살까지 그곳에서 살았다. 영주는 당시 영동선의 기점이었다. 나는 아버지와 어머니의 손을 잡고 기차를 탔다. 밤에 출발해서 새벽에 종착역에 도착하는 야간기차였다.

기차는 검게 물든 밤을 달렸다. 나는 창밖을 하염없이 구경하다 까무룩 잠이 들었다가를 반복했다. 어두운 하늘 아래 낮은 산등성이와 그보다 더 낮은 지붕들이 쏜살같이 지나갔다. 철길은 구불구불했다. 귀 밑에 붙인 살색 스티커를 자꾸 만지작거려서 어머니에게 혼이 났다. 터널을 지날 때면 창틈으로 매캐한 연기가 조금씩 흘러들어와 기침이 났다. 얼마나 달렸던 걸까. 어느덧 곤하게 잠에 빠진 나를 아버지가 흔들어 깨웠다.

눈을 비비며 대합실을 빠져나오자, 이미 밤이 끝나고 있다는 것을 알 수 있었다. 동쪽 하늘에서부터 희미한 여명이 밝아오고 있었지만 희끗희끗한 구름과 안개가 하늘을 반쯤 가리고 있어 사위가 어두컴컴했다.

눈앞에 한 폭의 쓸쓸한 그림처럼 펼쳐진 풍경의 하단은 온통 검은색이었다. 흙도, 집의 외벽도, 슬레이트 지붕들도 온통 거무스름했다. 우리는 그냥 역 앞에서 그 풍경을 바라보고 서 있기만 했다. 날씨가 추웠다. 밤의 먼 곳에서부터 불어온 바람이 아직 쉴 곳을 찾지 못한 채 떠돌며 얼굴을 매섭게 할퀴고 지나갔다. 어머니는 솜잠바를 벗어 나를 꽁꽁 싸매고는 뒤에서 껴안았다.

나는 그곳이 어딘지 왜 우리가 그곳에 서 있는지도 몰랐지만, 알 수 없는 쓸쓸한 풍경과 침묵에 압도되어 아무런 질문도 할 수가 없었다. 나는 어머니를 자꾸 올려다보았다. 어머니는 항상 말이 많은 사람이었다. 어렸을 때 TV에서 여자의 몸을 자르면 두 개의 상자로 분리되는 마술을 볼 때마다, 우리 엄마의 몸을 자르면 말들이 우수수 떨어질 텐데 그게 다 어디로 갈지 나는 궁금했다. 그런 어머니가 그토록 말이 없는 것은 그 전에도 후에도 본 적이 없었다. 검은 땅과 흙먼지가 어머니의 웃음을 모두 빨아들인 것만 같아서 무서웠다.

거기서는 개천도 검은색으로 흘렀어.

어머니는 고향을 얘기할 적마다 같은 말을 했다. 사북이 최고의 호황을 누리던 시절에 어머니는 그곳에서 학창 시절을 보냈고, 탄 캐 먹고 사는 남자를 만나기 싫어 일찌감치 부모 곁을 떠났다. 혈혈단신 서울에 와 아버지를 만나 누나와 나를 낳고 정착한 후로 어머니는 단 한 번도 사북에 가본 적이 없다고 했다. 모든 것이 와르르 무너지기 전의 일이다.

나중에 어머니가 들려준 얘기에 따르면, 사북이 가장 잘나가던 때에는 한밤중에도 술집이며 식당이며 불이 꺼지지 않아 마을이 온통 환했다고 한다. 석탄은 '검은 황금'이라고 불렸다. 길에 돌아다니는 똥개도 만 원짜리 지폐를 입에 물고 다닌다는 말은 전설 아닌 전설처럼 떠돌았다.

1986년 석탄산업법이 제정되고 사북은 쇠락의 길을 걸었다. 광산이 폐광되자 광원들은 썰물처럼 마을을 빠져나갔고, 갈 곳 없는 노인들만 폐광촌의 적막 속에 남았다. 어머니의 가족도 친척도 집을 정리하고 모두 떠났다.

그날 어머니가 탄광촌의 마지막 흔적 같은 남루한 풍경으로부터 무엇을 봤는지 나는 모른다. 사북에서 반나절 동안 우리가 뭘 했

는지도 잘 기억나지 않는다. 하지만 아버지의 필름카메라를 받아들고 이 사진을 촬영한 순간만은 기억한다. 내가 찍은 최초의 사진이었기 때문이다. ↵

아버지의 도움을 받지 않고 셔터를 누르는 데 성공했다는 사실이 어린 나를 들뜨게 했다. 기뻤던 나머지, 어머니의 기분을 헤아릴 생각조차 하지 못했다. 어머니가 왜 눈물을 흘리는지도 도무지 이해할 수 없었다.

그러나 역전 식당에서 감자로 빚은 수제비를 한 그릇씩 사 먹고 돌아오는 기차에서, 잠든 어머니의 얼굴은 이상하게 슬프면서도 편안해 보였다. 사진으로 찍지 않았는데도 그 얼굴은 마치 머릿속에 인화한 것처럼 지금도 선명하게 뇌리에 남아 있다. 어쩌면 그것이 내가 처음 배운 사진의 비밀이었는지도 모른다.

고향도 아니야. 내가 내 발로 떠난 곳인데.

말은 늘 그렇게 했지만, 어머니가 그 지역에 관한 뉴스가 나올 때마다 손을 멈추고 유심히 본다는 것을 나는 자라면서 눈치챌 수 있었다. 사북은 국내 유일의 내국인 카지노가 들어서면서 2000년대 들어 완전히 다른 모습으로 변했다. 레일바이크 운행을 개시하자 전국에서 관광객이 몰려들었고, 호텔과 리조트, 상가들이 들어섰다. 만 원짜리 지폐를 물고 다니던 개들은 이제 다 어디로 갔을까?

방화범

1904년 4월 15일, 프랑스 외무부로 날아간 전보 한 장. 발신자는 대한제국 주재 프랑스 대리 공사였다.

새벽 2시.

어젯밤 19시부터 황궁이 불타고 있습니다. 황제께서는 가족과 함께 도서관에 인접한 작은 궁으로 피신했습니다. (......) 이 신궁(新宮)과 궁내의 모든 것이 불탔습니다. 바람의 방향만 바뀌지 않는다면 인근 집들은 무사할 것입니다.

퐁트네.

서울 정동에 위치한 덕수궁의 역사를 들춰보면 유난히 불이 많이 등장한다. 덕수궁은 임진왜란으로 선조가 피난을 떠났다가 한양으로 돌아왔을 때, 기존의 궁궐이 모두 불타버려 새롭게 임시 행궁으로 삼은 곳이었다. 1895년 을미사변이 일어나자 신변의 위협을 느낀 고종은 러시아공사관으로 거처를 옮겼다가 2년 뒤 돌아왔다. 이때부터 덕수궁은 궁궐로서의 모습을 갖추게 되었다. 그러나 1900년과 1901년에 두 차례 화마가 찾아오더니, 1904년에는 고종이 머물던 침전인 함녕전 아궁이에서 시작된 불씨가 아주 큰 화재로 이어졌다.

해외 기록에 따르면 온돌을 수리한 뒤 불을 지피다 마루 아래 깔려 있던 대팻밥에 불씨가 붙으면서 화재가 걷잡을 수 없이 커졌다고 한다. 그러나 국내에서는 일제가 고의로 낸 방화라는 소문도 끊이지 않았다. 예나 지금이나 사람들의 마음을 끌어당기는 것은 사건 자체보다는 음모론이어서, 이 의혹을 바탕으로 한 가짜 역사소설도 네 권이나 있다.

이 화재로 대부분의 전각이 소실되었지만 이듬해 중건되었다. 덕수궁의 정문은 수리를 거친 후 대한문이라는 현재의 이름을 가지게 되었고, 1971년 지금의 위치로 옮겨졌다. ■

하루에 세 번, 매일 오전 11시, 오후 2시, 3시 30분에 대한문 앞에 가면 수문장 교대식을 볼 수 있다. 왕궁의 수문군이 궁궐을 지키는 의식을 재현하는 일종의 전통 체험 이벤트다. 화려한 전복에 망건을 두르고 갓을 갖춰 입은 수문군들이 엄중한 표정으로 교대의식을 진행한다. 이들의 월급은 140만 원 정도라고 한다.

대한문은 추우나 더우나 사람이 많이 모이는 곳이 되었다. 교대식이 열리는 모습을 구경하기 위해 기다리는 외국인 관광객들, 함께 걸으면 헤어진다는 미신에도 아랑곳없이 팔짱을 끼고 돌담길을 향하는 연인들, 서로 반대되는 주장을 목청 높여 동시에 외치는 시위대들. ↵

2012년, 이곳에 농성장이 하나 차려졌다. 쌍용자동차 해고자 추모를 위한 분향소와 농성용 천막이었다. 쌍용자동차는 2009년 6월 경영부실의 책임을 떠넘기며 1000명가량의 노동자를 일방적으로 대량해고하고 거리로 내몰았다. 경제적 어려움으로 목숨을 끊거나 병으로 사망한 해고자와 가족이 계속해서 늘어나, 그 수가 무려 스물두 명에 달한 상황이었다.

농성장이 차려진 이듬해, 이곳에서 또 한 번의 화재가 일어났다.(역사서에 기록될 가능성은 없지만, 이 화재는 덕수궁과 관련해 일어난 화재 가운데서 가장 의미심장한 사건이다.)

깊은 밤 어둠에 잠긴 농성장에 연기가 피어올랐다. 천막 안에 있던 조합원들은 재빨리 대피했다. 다행히 인명 피해는 없었지만 오랜 시간 지켜온 농성장은 잿더미가 되었다. 천막 세 개 중 하나는 절반이 탔고 하나는 완전히 타버렸다.

서울 남대문경찰서는 인근 CCTV 영상자료를 토대로 수사한 끝에 한 남자를 긴급체포했다. 뚜렷한 직업도 거처도 없이 떠돌던 50대 남성 안 씨였다. 안 씨는 덕수궁 인근을 배회하다 지저분한 천막이 보기 싫어서 일회용 라이터로 불을 질렀다고 진술했다. 사실 그는 이전에도 불을 지른 적이 네 차례나 있어, 전력으로만 보면 전문 방화범이었다.

안 씨는 두 달 전에 일어난 인사동 화재도 자신이 저질렀다고 자백했다. 식당에서 술을 마시던 그는 종업원 탈의실이 지저분한 것을 보고 옷과 폐지에 불을 붙였다고 했다. 이 화재로 주변 건물 11개

동과 점포 23곳이 피해를 입었다. 그는 명동에서도 세 건의 방화를 저질렀다. 모두 한 달 안에 일어난 일들이었다.

안 씨에게는 그럴 만한 이유가 있었다. 그는 세상이 쓰레기로 뒤덮여간다고 느꼈다. 사람들은 함부로 담배꽁초를 버리고 침을 뱉었다. 문제적 인간들은 가난할 뿐만 아니라 질서의식도 없었다. 옷을 빨지 않아 냄새가 나고, 위생상태가 엉망이었다. 안 씨에게는 자기 한 몸 희생할 수 있다는 각오가 있었다. 나의 노력으로 서울 시내가 청결해질 수만 있다면. 지켜보는 국민들이 각성의 계기로 삼을 수만 있다면.

지방에서 노모와 둘이 살던 안 씨는 서울에 올라온 뒤 종로 일대 찜질방 등을 전전하고 있었다. 안정적인 일자리를 구하는 것은 쉽지 않았다. 낮에는 폐지를 줍고 다녔다. 돈으로 바꾸기 위해서만은 아니었다. 그는 지저분한 서울과 밑바닥 인생들의 모습을 견딜 수가 없었다. 그래서 거리에 나뒹구는 쓰레기도 줍고 다녔다. 누가 시키지도 않은 일이었다. 아니, 꼭 그렇게 말할 수는 없다. 공모자가 있기는 했다. 술을 마시면 누군가 귓가에 다정하게 속삭였으니까. 불을 질러. 그러면 깨끗해질 거야. 불을 질러서 다 없애버리자.

한편 안 씨가 낸 화재로 덕수궁 담벼락 일부가 검게 그을렸다. 서울 중구청은 좋은 기회를 놓치지 않았다. 문화재 보호를 명목으로 분향소를 기습적으로 철거하고 그 자리에 화단을 꾸몄다. 색색의 꽃과 묘목이 자리 잡았다. 그러나 환경미화와는 아무 연관이 없는, '예쁘장한 바리케이드'였다. 화단은 조합원과 시민단체의 반대에도 꿋꿋이 그 자리를 지키다가, 수문장 교대식을 보러 오는 관광객들이 불편을 호소하자 비로소 5년 만에 철거되었다.

쿠로 신드롬

이 글은 검은 고양이를 둘러싼 인간의 다양한 감정의 기원을 밝히려 했던 민속학자들의 조사를 바탕으로 한다. 처음에는 매우 광범위한 조사가 진행되었다. 그러나 정확한 해답을 알아내기에는 자료의

양이 턱없이 빈약한 것이 현실이다. 관련 학자들이 하나둘씩 비슷한 태도를 보이면서 자료를 두려워하기 시작했고, 또 어떤 이들은 세상에 이런 조사보다 더 중요한 일이 많다며 떠나버렸다. 현재 전해지는 것 가운데 독자 여러분의 퍼즐 맞추기에 도움이 될 만한 내용들을 주워 모아 사전 형식으로 정리했다.

[가오나시]

일본어로 '얼굴 없음'을 뜻하는 합성어. 미야자키 하야오 감독의 애니메이션 「센과 치히로의 행방불명」에 등장하는 요괴의 이름이다. 얼굴이 없으며 검은 망토에 가면을 쓰고 다닌다. 애니메이션의 배경인 온천여관은 버블 경제 붕괴 이후 삶의 의욕과 노동의 가치를 상실한 일본사회의 압축판이다. 이곳에서 일하는 이들은 모두 본래의 이름을 잃고 가짜 이름을 쓴다. 가오나시의 경우 물질만능주의 세계에서 자아를 잃은 현대인을 상징하는 것으로 보는 해석이 지배적이나 이 연구에서는 불안의 의인화된 형태로 본다. 주인공 센은 극중에서 유일하게 가오나시를 두려워하지 않으며 "너의 집은 어디니?"라고 물어봐주는 인물이다. 센은 금으로 자신의 환심을 사려하는 가오나시에게 단호하게 말한다. "너에겐 내가 원하는 게 없어." 전 세계적으로 가오나시를 귀여워하거나 불쌍히 여기는 사람이 많다. 갑자기 나타나 포악하게 굴지만 진지하게 관심을 가져주면 얌전해지는 아이와 같은 특성이 있기 때문이다.

[가위]

사람이 자고 있는 동안 몸 위에 올라타거나 몸의 일부를 누르며 무섭게 만드는 귀신. 동사로는 '가위눌리다'라는 표현으로 통용된다. 몸은 잠에서 깨어 있으되 정신이 깨지 않은 것이 몽유병이라면, 가위눌림은 그 반대로 정신은 깨어 있으되 몸이 잠들어 있어 말을 듣지 않는 상태다. 그래서 꿈을 꾼 것으로 착각하기도 한다. 가위의 중요한 특징 중 하나는 가장 사랑하면서도 두려워하는 존재의 모습으로 나타난다는 점이다. 극진한 효자에게는 늙고 힘없는 부모의 모습으로, 주색에 빠진 성직자에게는 헐벗은 성모마리아의 모습으로, 또 누군가에게는 쌍생아처럼 스스로를 닮은 모습으로 가위는 온다. 함께 사는 개나 고양이가 한밤중에 자신의 목을 조르는 경험을 하는 독거노인의 사례가 숱하게 기록된 까닭도 이 때문이다.

[네로]

1. 로마의 황제 이름.([예술가] 항목 참조)

2. 이탈리아어로 검정을 의미하는 단어.

3. 전 세계에 존재하는 검은색 고양이 중 가장 흔한 이름 1위.(참고로 2위는 쿠로, 3위는 플루토다.) 1969년 이탈리아의 동요 콘테스트에서 「검은 고양이를 원했어(Volevo un gatto nero)」라는 노래가 3위를 수상한 바 있다. 이 노래는 일본으로 건너가 「검은 고양이 탱고」로, 한국으로 넘어와 다시 「검은 고양이 네로」라는 제목으로 번안되면서 큰 히트를 쳤다. 원곡의 가사는 다음과 같다.

진짜 악어야, 진짜 악어
내가 갖고 있다고 말했지
그걸 너에게 주겠다고
우리는 분명히 약속했어
악어는 너에게
그리고 너는 나에게 검은 고양이를 주기로
나는 검은 고양이를 원했어, 검은 거, 검은 거
그런데 넌 나에게 하얀 고양이를 줬어

너는 거짓말쟁이
너랑 더는 안 놀 거야
플라스틱이나 천으로 된
그런 기린이 아니야
살도 있고 뼈도 있는 거야
난 너에게 그걸 주려고 했지
우리는 분명히 약속했어
기린은 너에게
그리고 넌 나에게 검은 고양이를 주기로
우리는 분명히 약속했어
동물원 전부를 너에게
그리고 넌 나에게 검은 고양이를 주기로
나는 검은 고양이를 원했어, 검은 거, 검은 거
네가 나에게 준 하얀 고양이 말고
나는 검은 고양이를 원했어
하지만 검은 것이든 하얀 것이든
고양이는 다 내 거야
그리고 난 너에게 아무것도 안 줄 거야

[네코마타]

일본 고전 수필, 괴담 등에 자주 등장하는 꼬리가 두 개 달린 고양이 요괴. 깊은 산속에 출몰한다. 그러나 처음부터 산에 살았던 것은 아니고 민가에서 기르던 고양이가 늙어서 변한 것으로 보는 설이 널리 인정받고 있다. 인간의 언어를 쓸 줄 알아 말로 사람을 현혹하며, 사람의 시체를 먹고 그와 똑같은 모습으로 나타나기도 한다. 처음에는 아주 조그마한 고양이로 묘사되다가 후세의 문헌으로 갈수록 덩치가 커져 1685년에는 멧돼지, 1775년에는 사자 정도의 크기라 기록되어 있다. 네코마타 중에서도 검은색이 많이 섞인 고양이일수록, 그리고 사람과 함께 살 때 학대를 많이 당한 고양이일수록, 네코마타로 변신한 후 강력한 힘을 발휘한다.

[마녀사냥]

검은 고양이는 어둠 속에 있으면 번득이는 눈밖에 보이지 않기 때문에 고대부터 악마와 내통하는 동물로 여겨졌다. 중세시대에는 마녀로 지목된 여자를 불구덩이에 집어넣을 때 검은 고양이도 함께 넣곤 했다.

[수챗구멍]

구멍은 이야기에서 흔히 주인공이 초현실적 시공간으로 연결되는 계기다. 『이상한 나라의 앨리스』에서 앨리스는 토끼굴을, 「센과 치히로의 행방불명」에서 센은 터널을 우연히 발견하면서 새로운 세계로 입성하게 된다. 터널 건너편의 세계는 죽은 자들의 세계일 수도 있고, 현실의 문제를 교정하고 해결하는 가상의 무대일 수도 있다. 구멍은 삶과 죽음이라는 두 세계를 잇는 가교 역할을 한다. 경북 안동 지역에 남아 있는 기록을 살펴보면, 한국에서는 수챗구멍이 이러한 구멍의 기능을 하고 있음을 알 수 있다.

높다란 솟을대문에다 울타리를 크게 둘러 삼형제가 각각 집을 지어놓고 머슴을 수십 명이나 부리는 부농의 집안에서 일어난 일이다. 어느 날 막내며느리가 병이 들어 앓아누웠는데, 아무도 병의 원인과 정체를 몰랐다. 시름시름 죽어가는 며느리를 보다 못해 시어머니는 무당을 불렀다. 저물녘에 시작한 굿은 별이 뜨고도 한참을 진행되었다. 밤새도록 칼을 휘두르고 춤을 추다 지친 무당이 마당에 드러누웠다. 시어머니도 방에 가 한숨 자고 일손들도 잠깐 눈을 붙인 참이었다. 무당이 갑자기 발딱 일어나더니 "아이고야, 저놈 봐라!" 하고 소리를 지르는 것이 아닌가? 무당이 가리키는 방향에 병든 며느리가 누워 있는 방이 있었는데, 그 방 아궁이에서 검은 고양이 한 마리가 빠져나오더니 번개 같은 속도로 마당을 가로질러 시어머니가 기거하는 안채의 담벼락으로 튀어 가는 것이었다. 그 담벼락에는 마당에 파놓은 작은 도랑으로 허드렛물을 흘려보내는 수챗구멍이 있었다. 검은 고양이는 그 구멍 속으로 쏜살같이 사라져버렸다. 무당은 "하이고야, 고놈 어데로 쏙 들어가뿟노." 하고 탄식을 했지만 어둠 속이라서인지 고양이가 검어서인지 다른 사람은 아무도 보지 못했다. 날이 밝은 뒤, 건강하기만 했던 시어머니가 하룻밤 사이 숨이 끊긴 채 발견되었다. 그 장례를 치른 것은 언제 앓았었냐는 듯 말짱히 일어난 막내며느리였다.

[예술가]

1. 로마의 네로 황제가 왕 대신에 되고 싶어 했던 것.(이 항목에 같은 맥락으로 추가될 수 있는 대표적 인물로 독일의 히틀러가 있다.) 자신의 정치적 입지가 약해지자 네로는 위협이 되는 어머니 아그리피나를 살해하라는 명령을 내린다. 근위대가 칼을 꺼내고 침상을 에워쌌을 때, 아그리피나는 자신의 배를 가리키면서 다음과 같이 말했

다고 전해진다.

> 신께서 노하실 오늘의 이 잔혹한 모친살해는 너를 왕으로 만든 나의 죗값이구나. 네가 어릴 적 그토록 원했던 대로, 평생 시만 쓰거나 리라만 켜면서 살도록 내가 내버려두었더라면, 그랬더라면……! 나는 오늘 신들 앞에서 나를 탓하며 죽겠소. 그대들은 네로를 낳은 이 배를 찔러주시오.

2. 현대에 들어 한층 명확히 밝혀진 바에 따르면 예술의 실용적인 기능은 한 가지밖에 없다. 폭력성, 무능력, 과대망상, 우매함, 자아도취, 태만 등 인류에 해악을 끼칠 만한 기질을 가진 자들, 또는 불길한 운명을 지닌 자들을 적당한 명예와 가난, 그리고 예술가라는 정체성의 덫으로 옴짝달싹 못 하게 붙들어놓은 다음, 쓸데없는 일로 생애를 소모하며 결코 딴생각을 하지 못하도록 만들어주는 것이다.
3. 주로 고양이를 키우면서 검은 옷을 갖춰 입기를 즐기는 족속.

[박멸]
공포나 혐오를 느끼는 특정 대상 집단을 모조리 사라지게 만들 수 있다는 현생 인류의 헛된 믿음. 중세의 사람들은 마귀를 박멸하고자 했고, 근대에 이르러서는 천연두, 홍역 등이 그 대상이 되었다. 현대인에게서 찾아볼 수 있는 이 단어의 가장 흔한 용례는 바퀴벌레와 조합해서 사용하는 것이다. 현대임상심리학에서는 벌레에 대한 공포를 이해하고 극복하기 위해 노출 요법을 사용한다. 벌레가 생각만큼 해롭지 않다는 사실을 인지하도록 접촉 수준을 천천히 높여 대상을 낯익게 만드는 것이다. 그러나 문학은 조금 다른 관점을 제시한다. 사람을 아예 벌레와 동일화함으로써, 벌레를 낯익게 만드는 대신 스스로를 낯설게 만든다. [변신] 항목 참조.

[변신]
프란츠 카프카가 1912년에 집필해 4년 뒤 출판한 중편소설. 영업사원 그레고르 잠자가 어느 날 잠에서 깨어 커다란 벌레로 변신해버린 자신을 발견하는 이야기다. 전날까지 가족의 부양을 책임졌으나

쓸모없는 존재로 전락한 그레고르는 아버지가 던진 사과 조각이 등에 박혀 천천히 죽음을 맞는다. 「변신」의 초판이 나올 당시 카프카는 발행인에게 편지를 보내, 표지에 절대 벌레를 그리지 말 것을 요청했다. 독자들이 시커멓고 흉측한 벌레를 보는 순간 머릿속에 벌레 그 자체만 남을 것을 우려했던 것이다.

> 그건, 제발, 그건 안 됩니다! 그림 그리는 분의 권한을 제한하고 싶지는 않습니다만, 이 이야기를 누구보다 잘 아는 작가인 제가 드리는 유일한 요청입니다. 벌레 그 자체가 그려져서는 안 됩니다. 멀리서라도 보여선 안 됩니다.

카프카가 소설의 서두에서 이 벌레를 묘사하기 위해 쓴 단어 Ungeziefer는 외국 판본에서 해충, 벌레 등으로 번역되었다. 그러나 번역가 수잔 베르노프스키의 설명에 따르면 이 단어는 본래 중세 독일어에서 온 표현의 변화형으로서 '희생양으로 바치기에 부적합한 부정한 동물'을 뜻한다.

안타까운 일이지만 카프카의 전언에도 불구하고 후대의 출판인들은 너도나도 이 소설과 관련한 출판물에 벌레 그림을 넣었다. 그중에서 그나마 덜 끔찍한 것을 꼽자면 러시아의 소설가 블라미디르 나보코프가 1940년대 후반 코넬대학교 강연록에 그려 넣은 것인데,

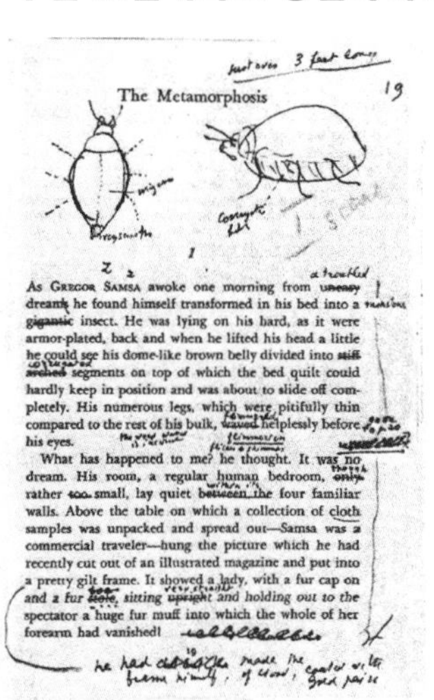
The Metamorphosis 19

1

As GREGOR SAMSA awoke one morning from uneasy dreams he found himself transformed in his bed into a gigantic insect. He was lying on his hard, as it were armor-plated, back and when he lifted his head a little he could see his dome-like brown belly divided into stiff arched segments on top of which the bed quilt could hardly keep in position and was about to slide off completely. His numerous legs, which were pitifully thin compared to the rest of his bulk, waved helplessly before his eyes.

What has happened to me? he thought. It was no dream. His room, a regular human bedroom, only rather too small, lay quiet between the four familiar walls. Above the table on which a collection of cloth samples was unpacked and spread out—Samsa was a commercial traveler—hung the picture which he had recently cut out of an illustrated magazine and put into a pretty gilt frame. It showed a lady, with a fur cap on and a fur stole, sitting upright and holding out to the spectator a huge fur muff into which the whole of her forearm had vanished!

아마추어 곤충학자이기도 했던 나보코프는 카프카가 묘사한 벌레가

무엇이었는지를 진지하게 연구한 다음 '딱정벌레'라는 결론을 내렸다. 그러나 나보코프는 강연에서 학생들에게 다음과 같이 말했다.

> 아름다움에 연민을 더한 것. 이것이 예술을 정의하는 말로 내놓을 수 있는 최선의 표현입니다. 아름다움이 있는 곳에는 연민이 있습니다. 아름다움이 반드시 죽을 수밖에 없다는 간단한 이유 때문입니다. 아름다움은 항상 죽습니다. 그와 함께 그 사람 특유의 태도도 죽습니다. 그와 함께 세상이 죽습니다. 만약 카프카의 「변신」을 읽고 단순히 곤충이 등장하는 판타지 이상의 어떤 느낌을 받는다면, 나는 그 사람에게 훌륭하고 위대한 독자의 반열에 올랐다는 축하 인사를 건네겠습니다.⑭

[지붕쥐]

Rattus rattus라는 학명을 가진 검은색 쥐. 곰쥐라고도 불린다. 흑사병이 유럽 전역을 휩쓸 당시 감염의 주범으로 몰려, 보이는 족족 몰살당한 바 있다. 그러나 실제로 페스트균을 퍼뜨리는 것은 쥐가 아니라 쥐의 피를 빨아먹는 벼룩이었으며, 최근 연구들은 벼룩에 의한 감염보다 사람의 기침이나 재채기로 인한 호흡기 감염이 훨씬 많았을 것으로 분석하고 있다. 과학적 사실과는 무관하지만, 한때 프랑스에서는 검은 쥐에 대적하기 위해 검은 고양이를 키우는 집이

부쩍 늘어난 적이 있다.

[쿠로]

일본어로 검정을 의미하는 단어로, 검은 고양이를 부르는 이름인 경우가 많다. 검은 고양이는 예로부터 죽음과 연관된 흉조로 여겨졌지만, 반대로 죽음과 재난을 막아주는 행운의 상징으로 보는 시각도 있다. 상반된 두 태도는 사실 같은 이유에서 비롯하는데, 고양이가 사람의 눈으로는 볼 수 없는 것을 보기 때문이다. 다음은 일본에서 전해지고 있는 쿠로 이야기의 여러 버전들 중 일부다.

1) 에도시대에 한 영주가 길을 가다가 갑자기 비를 만났다. 큰 나무 아래로 숨어들어 비를 피하면서 맞은편에 있는 절을 보니, 난간에서 검은 고양이 한 마리가 앞발을 살며시 흔들며 자신을 부르고 있었다. 영주는 고양이가 손짓하는 대로 절로 걸어 들어갔다. 그 순간 큰 소리가 나 뒤를 돌아보니 벼락이 나무를 내리찍어 산산조각을 내버렸다. 가슴을 쓸어내리며 절 안을 뒤져보았지만 고양이는 자취를 감춘 뒤였다. 영주는 절에 큰돈을 시주하고, 목숨을 구해준 고양이를 기리며 고양이 석상을 세워 이를 쿠로라 불렀다. 그의 자손들은 손을 흔들고 있는 고양이 인형을 가게 앞에 두면 손님이 끊이지 않고 복이 온다고 믿었다.

2) 에도시대에 한 사무라이가 길을 가다가 갑자기 비를 만났다. 큰 나무 아래로 숨어들어 비를 피하면서 맞은편에 있는 절을 보니, 난간에서 검은 고양이 한 마리가 앞발을 살며시 흔들며 자신을 부르고 있었다. 그때 자객이 나타났다. 사무라이는 용케 자객의 칼을 피했지만 하마터면 고양이를 구경하다가 목이 베일 뻔했다. 가슴을 쓸어내리며 절 안을 뒤져보았지만 고양이는 자취를 감춘 뒤였다. 사무라이는 그 후로 검은 고양이만 보면 단칼에 목을 베고 다녔다.

[쿠로 신드롬]

검은 고양이를 보면 심박동 증가, 소화 불량, 불면, 집중 곤란, 환각, 환청 등 증상을 보이며, 극심한 불안감을 느끼거나 집착 또는 폭력적인 성향을 드러내기도 한다. 죽음에 대한 공포와 관련이 깊은 것으로 보이나 정확한 인과관계는 아직 파악되지 않고 있다.

[타나토스]

그리스 신화 속 죽음의 신. 검은 날개를 가진 밤의 여신 니크스의 아들로, 잠의 신 히프노스와 형제지간으로 묘사된다. 타나토스는 사람이 죽으면 히프노스와 함께 와서 죽은 자의 영혼을 운반한다. 고대 그리스인은 죽음을 영원한 잠으로 생각했다. 정신분석학에서는 타나토스가 인간의 파괴적인 면, 죽음을 지향하는 본능을 상징한다고 보기도 한다.

[플루토]

1. 지하세계의 신인 하데스의 다른 이름. 고대 그리스인들은 하데스의 이름을 입에 올리는 것조차 불길하게 여겨 직접적으로 호명하는 것을 꺼렸다고 한다.
2. 태양계 왜소행성 134340의 영문명. 동양권에서는 명왕성으로 불리는데, 원어의 의미와 마찬가지로 '명계의 왕'이라는 뜻을 담고 있다.
3. 에드거 앨런 포의 단편소설 「검은 고양이」에서 광기에 사로잡힌 주인공이 아내를 도끼로 찍어 살해한 뒤 시멘트벽 안에 매장할 때 함께 묻어버린 검은 고양이의 이름. 경찰이 방문했을 때 벽 속에서 울음소리를 내어 주인공의 범죄를 밝힌다. 포는 소설 본문에서 플루

토의 이름 뒤에 괄호를 치고 '저승의 왕'이라는 주석을 달아놓았다.

[핼러윈 사냥]
검은 고양이에게 해코지를 하기 위해 무리지어 고양이를 잡으러 다니는 행위. 핼러윈은 본래 망자들의 넋을 조용히 기리기 위한 전통에서 출발했으나 현재는 코스튬을 입고 술을 마시며 노는 파티의 형태로 변모했다.(당신의 고양이가 부디 안녕하기를 빈다.)

[흑묘백묘론]

1979년 미국을 방문하고 중국에 돌아온 덩샤오핑(鄧小平)이 남긴 말. 정확한 문장은 "흑묘백묘 주노서 취시호묘(黑猫白猫 抓老鼠 就是好猫)". 검은 고양이든 흰 고양이든 쥐만 잘 잡으면 좋은 고양이라는 뜻으로, 문화대혁명 이후 황폐해진 인민의 삶을 향상시킬 수 있다면 공산주의든 자본주의든 상관없다는 개혁개방정책을 상징하는 표현이 되었다. 중국 역사 2500년을 관통하는 불후의 명언 50선에 들기도 했는데, 마오쩌둥(毛澤東)의 "권력은 총구에서 나온다."와 사이좋게 나란히 꼽혔다. 덩샤오핑은 1989년 톈안먼 광장에서 민주화를 요구하는 시민들을 장갑차를 앞세워 무자비하게 유혈 진압했는데, 중국 교과서에는 아직도 이 사건이 실려 있지 않다. 타국의 인터넷을 통해 진실을 알게 된 한 대학생은 다음과 같은 댓글을 남겼다.

邓小平留给中国人民的东西不是黑猫也不是白猫,而是红血
(덩샤오핑이 중국 인민에게 남긴 것은 검은 고양이도 흰
고양이도 아닌, 붉은 피다)!

큐레이터의 오후

거리가 온통 하얗게 변했다. 여자는 종일 블라인드를 내리고 있어서 첫눈이 오는지도 모르고 있었다. 충청도 산골마을로 먹 장인 인터뷰를 다녀온 지 얼마 지나지도 않은 것 같은데, 벌써 겨울의 복판이다. 여자는 먹 향이 그윽하던 건조실과 가마의 지붕에도 눈이 쌓였을지 궁금했다. 전시를 준비할 때면 막막할수록 시간에 가속도가 붙는 것처럼 느껴졌다. 작가들과 주고받은 이메일을 체크하고 회의를 진행하는 과정에서, 저녁을 먹으며 남편과 무심코 나누는 대화 속에서, 책장 속에서, 전시와 아무 관련 없어 보이는 이야기들 속에서도 작은 생각의 씨앗들이 마음의 텃밭에 뿌려질 때가 있었다. 어떤 싹이 날지는 알 수 없지만 가장 필요한 것은 충분한 물이고, 그다음은 뿌리를 내릴 시간이라고 여자는 생각했다. ↵

라디오에서는 크리스마스가 다가온다는 사실을 암시하는 노래들이 흘러나오기 시작했다. 올해는 거리에서 십자군 종소리가 들려오지 않고, 밤거리를 수놓는 화려한 크리스마스 장식도 줄어들었다. 하지만 가정용 크리스마스트리는 예년 평균을 훨씬 웃도는 판매고를 올렸다는 얘기가 들렸다. 전염병 시국이 길어지고 사람들이 집에 머무는 시간이 늘어나면서 인테리어 업계는 이례적인 호황을 맞이했다. 사실 품목을 가릴 것 없이 식품, 서적 등 인터넷 주문량이 폭발적으로 증가했다. 그에 비례해 물류센터 내 감염자 수도 늘었다. 로켓처럼 빠른 배송을 특장점으로 내세우는 한 소셜커머스 업체 물류센터에서는 스물일곱 살의 비정규직 직원이 과로로 사망했다.

여자는 라디오를 끄고 블라인드를 다시 내렸다. 전시에 사용할 이미지를 선별해두기 위해 즐겨찾기에 저장한 웹페이지를 정리하고 이미지 사용 허락을 구하는 공문을 작성해야 했다. 이탈리아 미라

연구소의 홈페이지는 냉동인간 외치의 몸 전체를 클로즈업해서 스캔한 고해상도 촬영본을 보유하고 있었다. 외치의 육체는 자연의 품에서 시체가 되었다가 박물관에 전시된 물체가 되었다가 이제 광막한 웹 공간을 떠도는 하나의 이미지 개체, 온갖 유전학적 미스터리와 역사적 상상력의 스펙터클을 실어 나르는 예술 매체가 되었다.

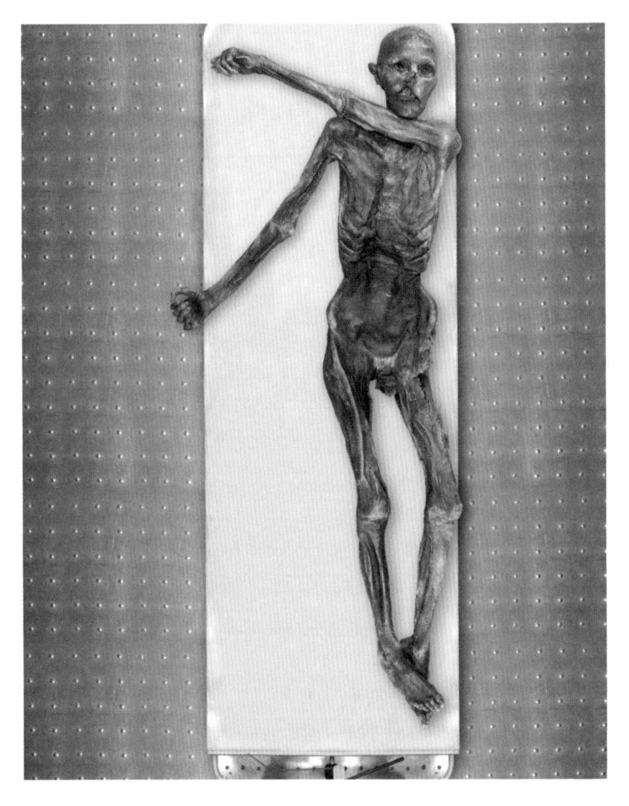

도달할 수 없는 과거로부터 홀로 남아 건네진 그의 몸이 27인치 레티나 디스플레이 모니터 속에 갇혀 있었다. 아무도 죄를 모르는 무기징역수 같았다. 여자는 책상 앞에 앉아 그 몸을 구석구석 뜯어보면서, 슬픔의 해상도가 점점 선명해지는 것을 느꼈다.

사진가의 이메일 중에서

어제는 동지였지요. 스물두 번째 절기. 북반구에서 1년 중 밤이 가

장 긴 날입니다. 거리에서 사는 이들에게는 어쩌면 가장 혹독한 날이라고 할 수도 있을 테지요. 매년 동짓날 밤이면 거리에서 죽어간 노숙인 동지들을 추모하는 행사가 서울역 광장에서 열립니다. 기록 촬영을 간 지 몇 해 되었는데, 올해는 코로나 때문에 서울역과 야외 몇 군데에 스크린을 설치하고 실내에서 촬영한 영상을 트는 방식으로 진행하더군요. 행사 중에 용산역 텐트촌의 한 주민이 먼저 세상을 떠난 친구에게 인사를 보내면서 "네가 빨리 간 것이 어떻게 보면 다행이다."라고 말해서 마음이 무척 아팠습니다. 슬픔도 절망도 전염성이 참 강한 바이러스입니다.

조금 다른 얘기일지 모르겠는데요.

지금은 저 스스로도 이해하기 어려운 언어들을 핑계 삼아 스튜디오에서 주로 작업하고 있지만, 처음 사진을 배우던 몇 년 동안 저는 거리의 사진 말고는 찍고 싶은 것이 없었습니다. 거리로 내몰린 사람들과 그들에게 연대하는 활동가들이 있는 곳이면 어디든 달려갔습니다. 현장에 촬영을 나가보면 폭력에 노출되는 순간이 많았습니다. 특히 철거 현장이나 대규모로 경찰과 용역 직원들이 동원된 집회 현장이 그랬습니다.

뒈질래, 시발 새꺄.

촬영을 하고 있으면 용역 직원이 근육질 가슴을 내밀며 눈을 부라렸습니다. 나는 카메라 렌즈를 더 그의 얼굴 가까이 들이밀었습니다. 카메라가 언제나 방패가 되는 건 아니었어요. 개중에 나이가 어린 녀석은 카메라를 피하지 않고, 낄낄거리며 손가락으로 V자를 해 보이기도 했습니다. 하지만 그들을 촬영한 사진을 나중에 클로즈업해서 들여다보면, 눈동자 속에서 희미한 두려움을 읽을 수 있었습니다. 카메라를 갖다 댈 때만 그런 것은 아니었다고 생각해요. 피켓을 든 사람이 아무 말도 없이 그들의 얼굴을 뚫어져라 바라보면 대다수는 눈을 피했습니다.

무서운 속도로 우르르 밀려오는 용역 깡패들과 부딪힐 때마다, 몸싸움을 하다 그들 틈에 갇힐 때마다, 이러다 죽는 게 아닐까 겁을 먹게 될 때가 있었어요. 그런데 바로 다음 순간에는, 저쪽에서 욕설

을 하며 덤벼드는 이의 혐오와 폭력성이 나에게 전염되는 것도 느낄 수가 있었습니다. 그래서 저는 알게 되었던 것 같습니다. 두려움과 혐오는 분리할 수 없는 한 쌍이라는 사실을. 혐오는 원래 바깥 세계와 스스로의 내면을 동시에 향할 수밖에 없다는 사실을요. ↵

이따금 저는 섬뜩한 장면을 상상합니다. 사실 섬뜩한 것은 그 장면 쪽이 아니라 제 쪽인데, 참담한 장면을 너무나 아무렇지 않은 마음의 눈으로 그려볼 수 있어서입니다. 상상 속에서 우리가 사는 도시는 활활 불타오릅니다. 대홍수를 방불케 하는 거대한 불길이 땅을 집어삼켜 모든 것이 불타고 이윽고 검은 재로 사그라져 아무것도 남지 않은 폐허. 그 폐허 속에서 우리 모두는 피해자이자 공모자일 뿐입니다.

동굴로 들어간 사람들

살인자들을 피해 동굴에 숨어든 아홉 살 소년은
동굴에 가득 찬 검은 연기를 마시고
모두 함께 백골이 될 때까지 동굴 바닥에 누워 있었지
맨발이 닿으면 아아 소리를 내는
용암 바닥 위에
……
이 곰팡이들은 현무암의 입자들을 지나
나무의 뿌리를 따라
아스팔트 활주로 위 비행기 고무 타이어에 달라붙어
마치 소년이 내뱉은 기침 소리처럼
이 곰팡이들은 흔적도 없이
고무 타이어와 뒤섞여서
깊은 동굴 속 나무뿌리를 아주 먼 곳에 데려다놓을 거야⑮

권혜원 작가는 특정 장소를 리서치한 후 그곳에 깃들어 있는 사건이나 기억을 새로운 서사 구조로 구축하는 영상을 만들어왔다. 그가 관심을 가지고 추적하는 장소들은 개인과 집단을 넘나들며 다양한

역사적 기억들을 불러 모으는 배경이 된다.

「유령과 괴물들의 풍경」은 권혜원이 레지던시로 제주에 머무르는 동안 동굴들을 답사하면서 시작한 작업이다. 그는 지역의 역사를 조사하는 한편, 굴 내부의 사운드를 녹음했다.

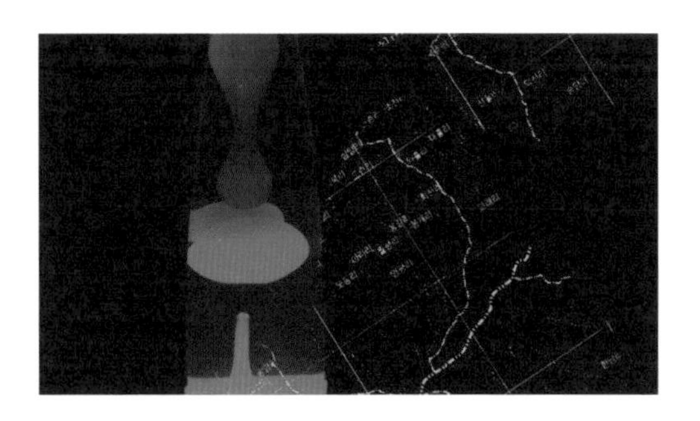

강렬한 빛을 발산하는 최신 랜턴과 마이크를 구비하고 동굴 속 심연으로 들어갔지만, 장비들이 포착하는 것은 동굴의 현재가 아니다. 담담한 내레이션과 함께 영상은 시선을 과거로 옮긴다. 뜨겁게 솟구쳐 오른 태곳적 용암. 그 용암이 차갑게 식으면서 만들어낸 화산섬. 섬의 깊은 곳에 비밀처럼 숨겨진 지하 동굴. 그리고 동굴 속에 메아리로 남아 있는 기억들.

과거의 사건들이 남긴 잔상처럼, 혹은 아직 다가오지 않은 미래에 대한 예언처럼, 동굴 속에는 어떤 기척이 있다. 굴 내부에서 채집한 사운드는 붉은색 파장을 그리다가 "20헤르츠부터 20킬로헤르츠까지"라는 말과 함께 또 다른 소리로 옮아간다. 이륙을 시도하는 비행기 엔진 소리 같기도 하고 동굴 벽에 부딪혀 반향하는 박쥐의 초음파 소리 같기도 하다.

여러 시간대와 존재들이 얽히고설켜 그려내는 동굴의 풍경 속에서, 영상에 등장하는 이미지도 앞뒤 없이 뒤섞인다. 섬의 지반인 현무암과 그 위에 깔린 아스팔트가 뒤섞이고, 미래의 활주로와 과거의 종유석이 뒤섞인다. 실제로 어느 것이 앞선다고 말할 수 없을 정도로 이 모두는 거대한 순환 속에 있다. 내레이션과 이미지를 따라가다 보면, 이 비디오 작품을 촬영하기 위해 켜 든 카메라와 랜턴 속의 리튬 배터리 또한 138억 년 전 우주의 빅뱅이 만든 원소였다는 사실을 발견하게 되는 것이다.

지질학적 연대기는 자본화된 개발의 역사와 겹쳐진다. 먼 옛날 지구상에 살았던 생물의 잔해는 땅으로 돌아갔다. 인간은 땅에서 캐낸 화석연료로 발전기를 돌리고 비행기를 띄운다. 더 빨리 이동하고 더 높이 건물을 지어 올리려는 자본의 욕망은 가속화될 뿐 걸음을 늦추지 않는다. 그러나 언젠가는 이 모든 것이 핵폭발이나 바이러스와 같은 초국가적 재앙으로 인해 자취를 감출지도 모른다. '화석연료 중독자들'은 멈추는 법을 잊은 것이다.

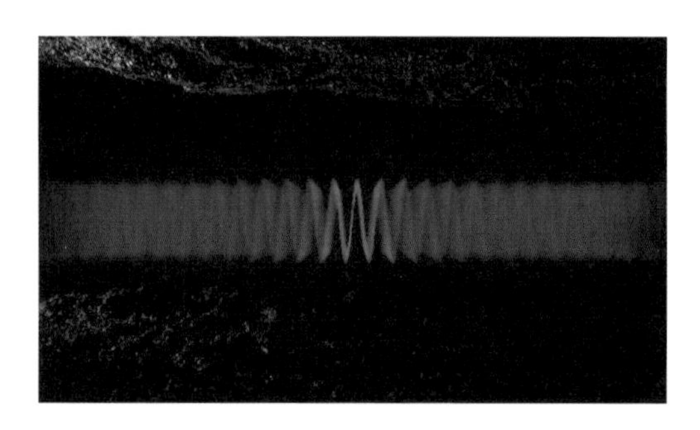

카메라의 시선은 지하 동굴에 서식하는 관박쥐의 시선과 잠시 교차한다. 관박쥐의 눈으로 보면 거꾸로 걷고 있는 것은 사람들 쪽이다. 다른 생명 종의 관점에서 보면 인간이 만들어온 야만의 역사는 얼마나 퇴행적일 것인가? ↵

1992년 북제주 구좌읍에 위치한 다랑쉬굴에서, 참혹하게 나뒹구는 유골들이 발견되었다. 얼마간 취식을 하며 숨어 지냈는지, 솥단지와 그릇도 보였다. 이들은 지금으로부터 70여 년 전, 4.3 학살의 광란을 피해 동굴로 숨어든 사람들이었다. 그중에는 어린아이의 유골도 있었다. 아마도 이 영상의 내레이션에 등장하는 '아홉 살 소년'일 것이다. 토벌대는 굴 입구를 봉쇄하고 불을 피웠다. 살기 위해 제 발로 굴에 숨어들었던 이들은 연기에 질식해 모두 죽었다. ↵

영상의 마지막 장면. 동굴 깊은 곳. 누군가 랜턴을 들고 입구에서부터 천천히 걸어 들어온다. 랜턴의 광원이 머뭇거리다 이쪽을 비춘다. 눈이 부시다. 궁금해진다. 이쪽에 있는 것은 어떤 사연으로 죽은 백골일까. 다음 세대가 발견한 우리는, 과연 어떤 모습의 유령일까.

우표를 들여다보며

[후추]

1497년 7월 9일, 포르투갈의 리스본에서 배 네 척이 출항했다. 스물여덟 살의 패기 넘치는 선장 바스쿠 다가마가 175명의 선원을 이끌고 떠나는 항해였다. 목표는 뚜렷했다. 인도로 가는 새 항로를 개척하는 것이었다. 당시 유럽인의 관심은 온통 후추에 쏠려 있었다. 육류를 많이 섭취하는 유럽의 식문화에서 후추는 꼭 필요한 향신료였다. 하지만 검은 황금이라 불릴 만큼 비싸서, 한 알 한 알 소중히 세어가며 거래할 정도였다.

그때까지 향신료 무역의 중심은 동양과 서양을 잇는 길목에 위치한 베네치아였다. 베네치아는 후추와 정향 등의 향신료를 대량으로 사들여 유럽 각지의 상인들에게 고가에 되파는 방식으로, 300여 년간 향신료 유통을 거의 독점하고 있었다. 후추를 보다 저렴한 비용으로 차지하기 위해서는 산지인 아시아와 직접 교역을 할 필요가 있었다. 그래서 유럽인들은 머나먼 미지의 바다를 향해 돛을 올렸다. '대항해시대'라는 낭만적인 이름으로 기록된 이 모험은 사실 작고 검은 씨앗 한 톨로부터 출발한 욕망이었던 셈이다. 바스쿠 다가마는 남아프리카 최남단 희망봉을 돌고 모잠비크를 경유해 인도로 가는 데 성공했다. 이로써 푸른 바다 위에 새로운 실크로드가 열렸다.

그러나 후추를 헐값에 얻으려는 모험은 대가를 치러야 했다. 항해 중에는 괴혈병과 풍토병으로 선원들이 숱하게 죽어나갔다. 말 그대로 목숨을 건 항해였다. 그러나 한 명이라도 살아남아 돌아오기만 하면 배에 실어 온 단 몇 그램의 후추도 금은보화의 값어치가 나갈 터였다. 무역선은 상황에 따라 해적선으로 돌변해 타국 범선의 교역품을 빼앗기도 했다. 닻을 내린 곳의 선주민이 순순히 물건을 내놓지 않으면 학살도 서슴지 않았다. 교역이라 쓰고 약탈이라 읽는 이 행위에 너도나도 뛰어들었다. 세계의 질서는 다시 쓰이고 있었다. 바스쿠 다가마가 두 번째 항해를 떠났을 무렵, 에스파냐에서는 서쪽 바다로 길을 떠난 마젤란의 일행이 지구를 한 바퀴 돌아 고국의 항구에 도착했다. 믿기 어려운 사실이었지만, 지구는 정말로 둥글었다.

[새]

마다가스카르에서 동쪽으로 900킬로미터 떨어진 작은 섬 모리셔스. 그 새는 아주 오래전부터 그곳에 살았다. 해안가 안쪽으로 울창한 숲이 펼쳐지고 과일이 연중 풍부하게 나는 섬이었다. 그 새는 큼직한 머리통에 작은 눈을 가졌다. 두툼한 부리는 가장자리로 갈수록 거무스름한데 과일을 쪼아 먹기 좋도록 끝만 살짝 구부러져 있었다. 한 쌍의 작은 날개는 오래전 퇴화하여 형태만 남았다. 그 새에게는 긴 세월 천적이 없었다. 그래서 빠른 걸음으로 도망치거나 높은 곳으로 날아오를 필요가 없었다. 짧고 굵은 다리와 털이 빼곡하게 자란 육중한 엉덩이에는 땅을 충분히 누리며 느리게 살아온 시간이 스며 있었다. 그 새는 편안한 곳에 둥지를 틀고, 두툼한 부리로 땅에 떨어진 나무열매의 과육을 쪼아 먹으며 살았다. 온화한 성격의 새들과 자생식물들만이 공존하던 모리셔스 섬의 평화는 유럽인들의 대

항해시대가 시작하면서 끝이 났다.

새를 처음 발견한 것은 1507년 인도양을 지나던 포르투갈 선박의 선원들이었다. 긴 항해와 무더위에 지친 선원들은 자신들이 배를 댄 섬이 무인도라는 사실을 알고는 실망했다. 그러나 실망은 잠시뿐, 천혜의 자연 경관이 펼쳐진 섬을 둘러보며 무역선이 쉬어 갈 경유지로 최적의 입지라는 사실을 깨달았다. 반항하는 선주민도 없으니 골치 아플 일도 없었다. 산호초로 둘러싸인 섬은 눈부시게 아름다웠다. 훗날 이 섬을 본 작가 마크 트웨인이 "신은 모리셔스를 만들고 난 뒤 천국을 만들었다."라는 말을 남겼을 정도다. 게다가 굶주린 선원들의 눈앞에 칠면조보다 크고 토실토실한 엉덩이를 가진 새들이 잔뜩 돌아다니고 있는 게 아닌가?

그 새는 인간을 두려워하지 않았다. 호기심 어린 눈빛으로 먼저 다가왔다. 선원의 살기 어린 눈빛을 보고도 도망가지 않았다. 그 새를 한주먹에 때려죽이는 것은 너무나 쉬운 일이었다. 두려움을 학습할 겨를도 없이 새들은 잡아먹혔다. 선원들은 새에게 이름을 붙였다. 도도. 포르투갈어로 '바보'라는 뜻이었다.

1598년 네덜란드 해군이 상륙해 본격적으로 이주를 시작하고 육식동물들을 들여오면서 새의 개체수는 걷잡을 수 없는 속도로 줄어들었다. 400만 년 동안 모리셔스 섬에 서식해온 도도새는 1681년 완전히 멸종되었다. 인간이 섬에 터를 꾸린 지 겨우 80년 만의 일이었다.

[우표]

이 우표는 1968년 모리셔스에서 발행된 1루피짜리 우표다. 도도새의 상상화 옆에는 젊은 시절의 엘리자베스 2세 여왕의 초상이 그려져 있다. 도도새가 멸종한 후에도 모리셔스 섬에는 소유권을 주장하는 이들이 계속해서 나타났다. 네덜란드인 다음에는 프랑스인이 왔고, 그다음에는 영국인이 등장해 기나긴 지배를 시작했다. 모리셔스는 1968년에야 영국으로부터 독립했다. 이 우표는 독립한 바로 그해에 프린트된 것이다. 날지 못해 멸종된 선주민, 그리고 대영제국의 구심점인 왕실의 상징과도 같은 여왕. 인상적인 투숏이 아닐 수 없다. 섬이 겪은 기나긴 세월이 하나로 압축된 듯한 장면이다.

1968년 이후에 발행된 우표들에는 여왕의 얼굴이 빠져 있다. 덕분에 희귀해진 때문인지 이 우표는 상당히 비싼 값에 거래되고 있다고 한다.

[에덴동산]

[언포스티드 레터스(Unposted Letters)]

1. 양쯔강돌고래Lipotes vexillifer: 중국의 산업화와 무분별한 어획으로 2002년 멸종.

2. 황금두꺼비Bufo perglenes: 1989년 5월 15일 이후 목격되지 않음. 지구온난화로 멸종된 최초의 동물.

3. 컬럼비아매머드Columbian mammoth: 150만 년 전 멸종.

4. 큰나무늘보여우원숭이Palaeopropithecidaer large sloth lemur: 1620년 멸종.

5. 거북턱모아날로Chelychelynechen quassus: 날지 않는 대형 오리. 1976년 화석으로 발견.

6. 비티레뷔자이언트피전Natunaornis gigoura: 피지 섬에 살았던 날지 않는 비둘기.

7. 여행비둘기Ectopistes migratorius: 1906년 최후의 야생 여행비둘기가 총에 맞아 죽었고, 동물원에서 사육되던 마지막 한 마리는 1914년에 짝을 찾지 못하고 죽음.

8. 자바호랑이Panthera.tigris.sondaica: 1970년대 멸종된 호랑이 종.

9. 게니오르니스genyornis newtoni: 날지 않는 새. 3만 년 전 호주에 사람이 정착했던 시기에 멸종.

10. 동굴하이에나Crocuta crocuta spelaea: 늑대가 나타난 이후 멸종. 한국에서도 화석이 출토된 바 있음.

11. 스테파노히누스Stephanorhinus: 60만 년 전 과도한 뿔의 채취로 멸종.

12. 리틀스완아일랜드 후티아Geocapromys thoracatus: 1955년 허리케인으로 멸종.

13. 프르제발스키말Equus ferus przewalskii: 몽골 초원에서 복원을 시작했으나 1969년 야생에서는 멸종.

14. 오르니톨레스테스Ornitholestes: '새 도둑'이라는 뜻의 이름을 가진 육식 공룡. 1억 5400만 년 전 멸종.

15. 리스트로사우루스Lystrosaurus: 2억 5200만 년 전 멸종. 전 세계에 화석이 있어 대륙이 하나였음을 증명.

16. 아난쿠스Anancus: 1500만 년 전 멸종. 숲에서 나무와 땅속 뿌리를 파먹으며 살았는데 숲이 사라지고 초원이 늘어나면서 멸종한 것으로 추정.

17. 디플로도쿠스Diplodocus: 1877년 화석 발견. 뼈가 70개나 되는 긴 꼬리를 소유했던 공룡.

18. 톡소돈Toxodon: 5000년 전 멸종. 화석에서 화살이 발견되어 그 시대의 인간에게 사냥당한 것으로 추정.

19. 유러피언밍크Mustela lutreola: 2015년 마지막으로 발견된 후 나타나지 않고 있음.

20, 34. 케이브베어Ursus spelaeus: 지상 최대 크기의 곰. 2만 4000년 전 멸종.

21. 태즈메이니아주머니늑대thylacinus cynocephalus: 1936년 호주의 동물원에서 마지막 개체가 죽으며 멸종.

22. 프시타코사우루스Psittacosaurus: 400개 이상의 화석이 발견되어 연구가 가장 풍부하게 이루어진 공룡.

23. 아름다운아르마딜로Dasypus bellus: 1만 1000년 전 멸종.

24. 바바리사자Panthera leo leo: 1942년 마지막 사자가 모로코에서 사냥당하면서 멸종.

25. 도도새Raphus cucullatus: 인도양 모리셔스 섬에 살았던 날지 않는 새. 포르투갈 선원들이 와서 '바보'라는 이름을 붙인 뒤 닥치는 대로 잡아먹음. 1681년 멸종.

26, 33. 프로토케라톱스Protoceratops: 1965년 발자국과 표본이 함께 발견된 공룡.

27. 트리케라톱스Triceratops: 알에서 갓 깬 새끼부터 성체까지 다양한 표본들이 발견됨.

28. 딜로포사우루스Dilophosaurus: 1억 9300만 년 전 멸종. 1940년 애리조나에서 뼈 화석이 발견.

29. 시미타고양이Homotherium: 사자 크기의 고양이. 1만 년 전 멸종.

30. 벨로키랍토르Velociraptor: 7000만 년 전 멸종. 2007년, 깃털이 있었다는 사실이 화석에서 밝혀짐.

31, 35. 스테고사우루스Stegosaurus: 1억 5000만 년 전 북아메리카 서부에 서식했던 공룡.

32. 디아트리마Diatryma: 육식 새. 먹이사슬의 꼭대기에 있었으나 진화된 포유류의 등장으로 멸종.

36. 카리브해몽크물범Monachus tropicalis: 1950년대 멸종. 인간의 남획으로 멸종된 최초의 물범.

37. 금빛바위쥐Zyzomys pedunculatus: 호주의 동굴지대에 서식하다 가뭄과 산불로 2001년 멸종.

38. 황금사향고양이Paradoxurus zeylonensis: 1980년대 스리랑카에서 멸종.

39. 케라토사우루스Ceratosaurus: 1883년 콜로라도의 채석장에서 발견. 애니메이션 「아기공룡 둘리」의 모델이 된 공룡.
40. 디노르니스Dinornis maximus: 지구상에서 가장 키가 컸던 새. 숲을 없고 세운 농장과 과도한 사냥의 영향으로 1500년대 멸종.
41. 드로미케이오미무스Dromiceiomimus: 시속 60킬로미터로 달렸던 것으로 추정. 6600만 년 전 멸종.
42. 파라사우롤로푸스Parasaurolophus: 1922년 앨버타에서 발견된 뼈로 존재가 알려진 공룡.
43. 숀부르크사슴Rucervus schomburgki: 태국에 서식하던 사슴. 아름다운 뿔 때문에 남획이 심해지면서 개체수가 줄어들었고 1938년 마지막으로 남은 한 마리가 죽으며 멸종.
44. 포클랜드늑대Falklands wolf: 포클랜드 섬에 서식하다 섬을 침략한 영국인들에 의해 1876년 멸종.
45. 타르판Equus ferus ferus: 1909년 멸종한 말의 조상.
46. 스밀로돈Smilodon: 1만 년 전 멸종. 1842년에 화석으로 발견됨.
47. 마스토돈Mastodon: 아메리카 토착민들과 공존했던 동물. 1만 년 전, 구석기시대의 끝 무렵 멸종.
48. 안킬로사우루스Ankylosaurus: 스테고사우루스 멸종 후 번성한 공룡. 백악기 후기에 멸종.
49. 디모르포돈Dimorphodon: 쥐라기 전기 영국에 서식했던 공룡. 1828년 화석 발견.
50. 파타고사우루스Patagosaurus: 아르헨티나 파타고니아에서 화석이 발견된 공룡.
51. 콩쿼드로리키트Vini vidivici: 앵무새의 한 종류. 700년 전 멸종.
52. 오스트랄로피테쿠스Australopitheecus Afarensis: 290만 년 전 멸종된 사람족. 루시(Lucy)라는 이름의 화석으로 널리 알려지게 됨.

[멸종]

「언포스티드 레터스」는 김영글 작가가 수집해온 전 세계 멸종동물 우표 컬렉션과 1900년대 초 발행된 성경 카드 프린트를 오려 붙인 콜라주 작업이다. 작가는 성경 카드에 그려진 아름다운 에덴동산에서 아담과 이브를 지웠다. 그러고는 50여 종의 멸종동물을 가득 채워 넣었다. 이 무리에는 화석으로만 알려진 먼 과거의 존재도 있고, 현생 인류의 등장과 문명의 발전에 따라 절멸한 동물도 있고, 오스트랄로피테쿠스처럼 더는 존재하지 않는 인류의 기원도 포함되어 있다.

각각의 동물종이 멸종하게 된 사유를 찾아보면 대부분 인간의 개입에 따른 결과라는 사실을 알 수 있다. 과거에는 동물의 살코기나 뿔을 탐한 인간이 무분별한 사냥으로 개체수를 줄이는 경우가 많았지만 꼭 직접적인 개입만 멸종을 야기하는 것은 아니었다. 선박과 항해술의 발전, 산림의 개간과 철도의 건설, 산업 기술의 혁신, 식품과 패션의 대량생산화, 기후의 변화, 이 모든 일은 서로 연결되어 나비효과처럼 먼 곳에 있는 동물들의 터전과 먹이를 빼앗는 결과를 낳았다.

김영글은 돌 이미지를 수집하는 프로젝트를 진행하기도 했는데, 돌에 관해 생각하던 어느 날 그동안 무심코 수집해온 멸종동물 우표들이 새롭게 보이기 시작했다고 한다. 근대도시의 지반을 이루고 있는 시멘트는 석회석과 진흙에 석고를 섞은 다음 구워서 가루로 만든 것이다. 철도를 준공하고 공장과 빌딩을 쌓아 올리기 위해, 돌산과 언덕을 파헤치고 이 '가짜 돌'로 메꾸어놓은 것이 바로 도시인 셈이다. 도시에 고기와 우유를 공급하기 위해 가축들이 대량으로 사육되는 동안 야생동물들은 하나둘 멸종되어왔다.

한편 어떤 동물들은 우리가 한 번도 두 눈으로 본 적 없어 그림이나 시로 상상할 수밖에 없었지만, 땅의 숨겨진 단면 속에 화석으로 그 존재의 증거를 남겼다. 돌의 단면을 들여다보노라면 인간의 역사를 넘어서는 시간대와 그 빈틈을 엿보게 된다. 땅속에는 새의 발자국과 가느다란 지느러미의 쓸림, 부서진 뼈의 파편 같은 흔적들이 먼 곳에서 출발한 신호처럼, 해독할 수 없는 암호처럼 새겨져 있다.

다시 에덴동산의 동물들을 보자. 각기 다른 지역에서 각기 다른 시대를 살다 세상에서 사라진 존재들. 긴 철자의 라틴어 학명으로 남은 존재들. 이들이 작은 액자 속에 모여 하나의 풍경을 이루고 있다. 유토피아 같기도 하고 아닌 것 같기도 한 묘한 풍경을.

유토피아는 원래 '없는'과 '장소'라는 두 단어를 결합해 만든 말이다. 어디에도 없는 곳, 현실에는 존재하지 않는 공간을 의미하는 것이다. 부쳐진 적 없는 우표 속 동물들은 영원한 안식의 풍경 속으로 돌아갔다. 조금은 슬퍼 보이기도 한다. 왜냐하면 이들은 과거완료형 이미지이며 아직 어떤 미래로도 도착한 적 없는 메시지이기 때문이다.

[화석]

우표를 바라보는 시선처럼, 화석을 바라보는 시선에도 두 가지의 상반된 욕망이 깃들어 있다. 하나는 과거라는 시간을 하나의 사물로, 값어치 있고 희소성 있는 예술적 상품의 형태로 인식하는 것이다. 다른 하나는 만날 수 없고 돌이킬 수 없는 것을 시각화하고자 하는 마음, 박제된 이미지로부터 무언가를 읽어내고 과거를 해방하고자 하는 인간의 열망이다. 두 마음은 다른 것 같으면서도 사실 닮아 있다.

[여담]

김영글은 「언포스티드 레터스」에 설명 그래픽을 덧붙이는 아이디어를 비틀즈의 여덟 번째 정규 앨범 «후추 상사의 외로운 마음 클럽

밴드(Sgt. Pepper's lonely hearts club band)»에서 차용했다고 한다. 이 앨범의 커버 이미지는 가상의 밴드로 분한 비틀즈 4인방이 수많은 유명인사들과 함께 단체 사진을 촬영하는 장면을 연출한 것이다. 디자인을 맡은 팝아티스트 피터 블레이크는 산 사람이든 죽은 사람이든 실제든 허구든 상관없으니 함께 촬영하고 싶은 인물의 목록을 작성해달라고 비틀즈 멤버들에게 요청했다. 멤버들은 다양한 인물을 소환했다. 지그문트 프로이트, 제임스 조이스, 마릴린 먼로, 에드거 앨런 포, 칼 마르크스, 말런 브랜도 등등. 논쟁적인 요소가 있어 나중에 빠지기는 했지만 그 목록에는 히틀러와 예수도 있었다. 동시대인은 밥 딜런과 디온, 단 두 명뿐이었다. 피터 블레이크는 동료 아티스트 얀 하워스와 함께 이들의 사진을 등신대 사이즈의 판지에 인쇄한 뒤 손으로 덧칠을 했고, 어떤 인물들은 밀랍인형으로 제작했다. 그렇게 해서 한자리에 모일 수 없는 인물들이 '후추 상사'의 밴드와 함께 한자리에 모이게 되었다.

여담이지만, '후추 상사'라는 이름은 폴 매카트니가 매니저 맬 에번스와 식사를 하던 중 테이블 위에 S와 P가 적힌 양념 봉지가 있는 것을 보고 말장난을 주고받다가 떠오른 이름이라고 한다.

이게 뭐지?

솔트, 페퍼겠지.

서전트 페퍼는 아닐까?

여담의 여담이지만, 이 챕터를 후추 얘기로 시작해 후추 얘기로 끝내게 된 것은 우연의 결과다.

유서

근처 갓길에 주차되어 있던 트럭의 운전자는 블랙박스를 보여달라는 나의 요청을 거절했다.

원래 그래요.

담당경찰관이 말했다. 차량 카메라가 개인 소유물이기 때문에 차주가 동의하지 않으면 볼 방법이 없다는 것이다. 더군다나 표면적으로 현과 나는 아무 연고도 없는 타인이었다.

처음에 나는 그녀의 죽음이 자살이 아니었을 가능성을 포기하기가 어려웠다. 전화가 왔을 때, 경찰은 차가 전속력으로 달려 도로 오른편의 가드레일을 들이받았으며 운전자는 즉사했다고, 신문에서나 나올 것 같은 문장으로 얘기해주었다. 차선을 급히 변경하다 중심을 잃은 것은 아닌지, 깜빡 졸았던 것은 아닌지, 끝없이 찾아가서 의문을 제기하는 나를 경찰은 슬슬 귀찮아하기 시작했다. ↵

현이 마지막으로 머물렀다는 고시원의 짐은 이미 세 개의 박스로 갈무리되어 있었다. 단출한 짐이었다. 고시원 총무라는 사람이 들어와서 호기심을 애써 숨기며 주저리주저리 말을 늘어놓았다.

어차피 창고하고 다를 바가 별로 없었어요. 월세를 미리 내고 한두 달씩 비워놓을 때가 많았거든요. 널브러져 있는 건 제가 대충 때려 담았어요. 아가씨가 들어올 때요. 책이 진짜 어마무시하게 많았는데, 중간에 한번 싹 정리해서 내놓더라고요.

경찰의 디지털 포렌식 수사는 실패했다고 했다. 실패라기보다 이른 포기라고 하는 게 맞을 것 같았다. 현이 쓰던 핸드폰은 전문수사기관에서도 몇 달이 걸려야 풀 수 있는 보안장치가 걸려 있는 제품이어서, 화면을 열어보지도 못했다는 것이다. 가족이 없는 30대 도시 여성의 자살은 경찰에게 진지한 수사 감이 되지 못했다. 경찰이 나에게 연락을 취한 것은 잠금 상태에서도 연결되는 비상연락처가 내 번호로 되어 있었기 때문이다.

큰 박스 하나를 열어보았다. 제일 위에, 현이 예전에 즐겨 입던 검정색 후드 티가 대충 개켜져 있는 것이 보였다. 소매에 보풀이 듬성듬성 피어 있었다. 희미하게 현의 냄새가 났다. ↵

나는 이따금 상상해본다. 여러 개의 죽음을.

그녀가 구멍가게에서 번개탄을 사서 나오는 모습이 고시원 근처 폐쇄회로 영상에 찍혀 있다. 나는 그 영상을 상상 속에서 수도 없이 돌려본다. 흑백 화면 속에서도 핏기 없는 얼굴이 또렷하다. 밤. 형광등도 켜지 않은 방에 라이터에 불을 붙이는 소리가 울린다. 그

방에서 며칠 만에 나는 첫 소리다. 매캐한 연기가 창문 없는 방을 가득 메우고 그녀의 작은 폐를 검게 그을리는 동안 나는 내 방에 앉아 있다. 커피를 마시고 있다. 미드를 보고, 선인장 화분에 물을 주고, 쿠팡에서 다음 주 분의 먹을거리를 구입하고 있다.

또 다른 상상 속에서 현은 버스를 타고 있다. 맞은편에서 전속력으로 달려오는 오토바이가 굉음을 내며 버스에 부딪히고 하늘에 붕 뜬다. 버스는 두세 바퀴 굴러 절벽 밖으로 추락한다. 가본 적도 없는 고산지대의 절벽이다.

그 어떤 끔찍한 상상을 해도 현이 죽음을 맞이한 순간의 마음을 끝내 알 수 없을 거라는 사실만큼 나를 괴롭게 하는 것은 없었다. 혹시 우리가 헤어지지 않았다면 지금 현은 살아 있을까. 몇 해 전 여름에 현이 웃으며 꿈에 나왔던 날 무심코 전화를 한번 해봤다면 어땠을까. 이랬다면, 저랬다면, 혹시 너의 지금이 달라져 있을까. 답 없는 물음이 꼬리에 꼬리를 물었다. ↵

수사 중에 여권지갑의 자질구레한 영수증과 종잇조각들 틈에서 반듯하게 접힌 쪽지가 한 장 나왔다. 경찰은 그것을 유서라고 불렀다. 현의 필체가 맞았다. 쪽지에는 작은 글씨로 단 두 문장이 적혀 있을 따름이었다.

떠납니다.

태워주세요.

나는 경찰서를 찾아가서, 현이 언제나 무언가를 적는 사람이었고, 일기나 편지를 쓰듯이 가상의 유서도 혼자서 수십 번은 썼노라고 말했다. 그 쪽지는 그중 하나일 수 있고, 수년 전에 쓴 것일 수도 있고, 그냥 의미 없는 메모에 불과할 수도 있다고. 이렇게 아무것도 서술하지 않은, 무에 가까운 유서가 현의 최종 결정일 리 없다고.

하지만 나도 물론 알고 있었다. 긍정적인 것이든 부정적인 것이든 누군가를 지목해 유서에 적을 만한 감정의 잔여물이 마음에 남아 있었다면 그 사람은 결코 세상을 떠나지 않았을 거라는 사실을 말이다.

나는 현의 그 텅 빈 마음을 직면하고 인정하는 것이 가장 괴롭고 슬펐다. 그러나 남겨진 사람이 할 수 있는 일은 생각보다 많지 않다는 사실 또한 천천히 깨닫게 되었다. 그중 가장 어려운 것은 죽은 이의 완고한 침묵에 동참하는 일이었다.

병원

병원에 들어서면 로비에서부터 불쾌한 기분이 든다. 어쩔 수 없는 일이다. 의자에 앉아 대기 중인, 자신의 병명을 궁금해하고 있는 사람들. 그들의 무표정한 얼굴과 초조한 포즈의 대비. 몸 여기저기에 링거 줄을 매달고 영원처럼 느린 속도로 걷고 있는 이의 구겨진 환자복.

채혈을 하러 들어간 환자의 외투와 목도리를 낡은 이부자리처럼 어색하게 부둥켜안고 있는 가족들. 갇힌 곳에서 벗어나려는 희망을 오래전에 포기한 채 뭐라도 소일거리를 찾기 위해 애쓰는 죄수들처럼, 그들은 핸드폰 화면부터 맞은편에 앉은 이의 신발까지 아무데로나 눈을 두리번거린다.

매끈한 벽에는 가야 할 방향을 친절하게 일러주는 각종 질병의 이름들이 백화점 벽의 매장 안내 팻말처럼 도열해 있다. 그리고 한 톨의 오염도 용납하지 않겠다는 듯 살균된 공기의 냄새. 나이가 들어버리고 나면 이제 딸기 맛 사탕 같은 것으로는 이곳에서 겪는 불쾌감을 보상받을 수가 없다.

그러나 병원에서 가장 견디기 힘든 점은 사방이 온통 새하얗다는 사실이다. 병원에 들어설 때마다 나는 넓고 깨끗한 건물 내부에 창백한 하얀색을 빈틈없이 구겨 넣기 위해 안간힘을 썼다는 인상을 받는다.

시간은 살아 있는 모든 것을 부패하게 만든다. 질병의 개입이 아니더라도 생명은 오염되게 마련이다. 시간이 흐르면 모든 것은 검게 썩고 산화한다. 병원을 온통 새하얀 색으로 채우는 것은 그러한 시간의 속성을 감추기 위한 노력인 것이다. 그러나 이 매끈하고 불투명한 거짓의 장막 아래서 나는 더 큰 피로를 느꼈다.

대기 중에 문자 메시지가 왔다. 김영글 작가였다. 이번 전시에 참여하는 작가 중 유일하게 나와 오래전부터 친분이 있는 사람이었다. 그녀는 요즘 검은색에 관한 책을 쓰고 있다고 했다. 나는 어떻게 작업의 실마리를 풀어야 할지 막막한 상황이라고 답을 보냈다. 약간의 하소연과 힘내라는 인사를 주고받은 뒤, 진료실에 들어갔다.

일주일 전에 한 검사의 결과가 나왔다. 가느다란 주삿바늘로 갑상선 결절의 조직을 소량 채취해 세포의 성분을 확인하는 검사였다. 암으로 판단되면 수술 날짜를 잡아야 했다. 하반기에 박물관 촬영이 한 건, 전시가 한 건, 문화센터 수업이 한 건 있다. 좋은 답이든 나쁜 답이든 빨리 결과를 알고 싶었기 때문에 기다리는 시간이 못내 답답했다.

그러나 나를 기다리고 있는 것은 좋은 답도 나쁜 답도 아니었다. 어떻게 보면 가장 듣고 싶지 않았던 결과, "알 수 없음"이라는 소견이었다. 의사는 정밀조직검사가 필요할 것 같다고 했다. 예후가 나쁜 희귀암일 가능성도 아주 없지는 않다는 것이다. 내가 뭐라고 대답하기도 전에 의사는 다음 예약일을 일러주었다.

3개월이나 기다려야 합니까?

의사가 키보드로 뭔가를 입력해 넣으며 대답했다.

대기가 길어서는 아니고요. 원래 한번 건드렸으면 그 정도 사이를 두고 세포가 안정되기를 기다려야 하거든요.

주차권을 뽑고 지하 주차장까지 가는 에스컬레이터를 탔다. 내 앞에 한 아이가 엄마와 함께 섰다. 겨우 네 살이나 다섯 살 정도 되어 보였는데, 머리를 빡빡 밀고 환자복을 입고 있었다. 그러지 않으려고 하면서도 아이의 무표정한 얼굴을 자꾸 훔쳐보게 되었다. 병원이라는 공간에 이미 너무나 익숙해져서, 아이는 아이인데도 딸기 맛 사탕 따위는 원하지 않는 것처럼 보였다.

블랙박스

잘 들리시나요? 네, 반갑습니다. 언메이크랩의 최빛나, 송수연입니다. 코로나 때문에 오늘 토크를 줌으로 전환하게 되어 아쉬운데요. 생각보다 많은 분들이 참석해주셨네요. 다소 늦은 시각에 진행하게 된 관계로 쉬는 시간 없이 조금 속도를 내어 진행해보도록 하겠습니다. 지금 음소거해놓으신 분들, 오디오 켜두셔도 되고요. 중간중간 질문 있으신 분들은 바로 말씀해주셔도 좋습니다.

오늘 저희는 블랙박스에 대해서 몇 가지 얘기를 해볼까 하는데요. 블랙박스는 기계시대 이후에 인류 역사에 존재하는 흥미로운 유물 중 하나입니다. 위키피디아를 보면 "트랜지스터, 엔진, 알고리즘, 인간의 뇌, 기관 또는 정부 등 거의 모든 시스템을 블랙박스라고 할 수 있다……"라고 그 의미를 확장해서 해석하고 있어요. 그런데 "그 시스템은 관찰자에게는 검은 것, 즉 불투명한 것이다."라는 설명이 있는데, 이 부분이 참 흥미롭게 느껴집니다. 우리가 흔히 생각하는 블랙박스는 항공기에 있는 기록 장치잖아요? 그런데 사실 그 장치는 사고가 났을 때 한밤중에 캄캄한 바다에서도 발견되기 쉽도록 오렌지색으로 제작되어 있어요. 그러니까 정말로 검은색 상자인 것이 아니라, 입력과 출력 사이의 정보값을 알 수 없는 비개방 상태라는 점에서 블랙박스라고 표현될 수 있지 않나 생각합니다.

블랙박스는 사실 결정적인 순간들에 늘 자리하고 있었던 장치인데요. 이 이름이 일차적으로 전달하는 개방 불가의 뉘앙스와는 달

이 글은 언메이크랩의 리서치 자료 및 메모로 이루어진 '블랙박스의 미학' 기획안을 재구성한 것입니다.

리, 블랙박스는 테러나 참사, 사고 현장의 인과를 밝혀줄 목격자적 인 사물이자 미디어라고 할 수 있겠습니다. ↵

지금 보여드리는 기사는 1983년 9월 15일자 «조선일보» 기사인데요. 네이버뉴스 라이브러리의 '블랙박스' 검색어 결과를 보면, 1983년 소련 전투기에 의한 대한항공 KAL007기의 격추 이후로 한국사회에서도 블랙박스라는 말이 일반적인 용어가 되었음을 확인할 수가 있습니다.

"블랙박스 찾아라" 美수색
트롤船 底引網으로 海底 20여곳 훑어 日
KAL機 추락海域에 艦艇 18척 투입 蘇
미끈寿命 15일… 수색 급피치

현금 날치기
둘 검거

그리고 미국의 9.11 테러 당시 트윈타워에 충돌한 비행기의 블랙박스도 생각해보게 되는데요. 공식적으로는 발견되지 않은 블랙박스죠. 대신에 지금 보시는 이 사진은 테러 현장을 목격한 뉴욕 시민의 얼굴, 그 표정이라는 미디어를 우리에게 남겨진 일종의 인터페이스로 보게끔 합니다. ↵

블랙박스에 대한 이해는 입력과 출력 사이의 인과관계에 대한 가설을 기반으로 합니다. 즉 내부적 작동이 어떻게 일어나는지 몰라도 입력과 출력의 결과물을 볼 수 있다면 '블랙박스적인 것'으로 생각해볼 수 있겠지요. 그런 측면에서의 블랙박스는 내부적 작동이 불투명하기 때문에 오히려 입력과 출력 사이의 인과관계를 '가설적으로 이야기할 수 있는 장치'가 되기도 합니다. 이러한 가설적 장치로서의 블랙박스, 그리고 기술과 인간의 관계성에 대한 리서치를 일부 공유하려 합니다.

이 과정에서 저희는 19세기의 과학적 연구사진이라는 전통을 살펴보게 되었는데요. 과학적 연구사진은 인간을 과학적으로 측정하기 위해서 시도된 일련의 연구 결과물이라고 할 수 있습니다. ↵

에드워드 마이브리지의 이 실험은 워낙 유명해서 많이들 보셨지요? 1872년에 한 미국 부자가 말이 달릴 때 발굽이 땅바닥에서 동시에 떨어지는지 아닌지에 관해 지인들과 논쟁을 하다 2만 5000달러를 걸고 내기를 하게 되었다고 하죠. 이때 고용된 사진가 마이브리지가 고속 전자식 셔터로 달리는 말을 연속 촬영한 것이 세계 최초의 모션픽처가 된 것입니다. ↵

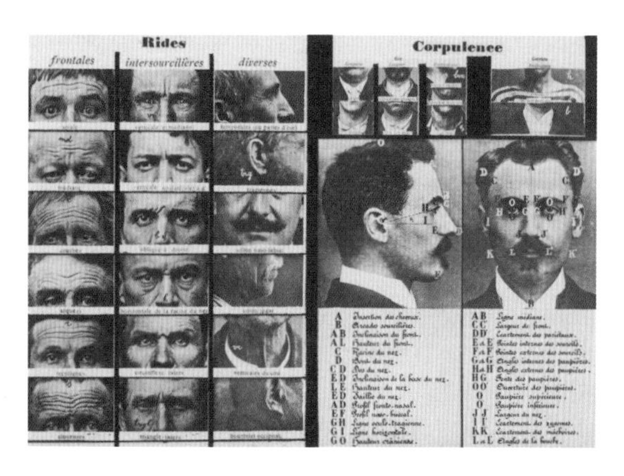

이것은 알퐁스 베르티용(**Alphonse Bertillon**)이라는 파리의 경찰관이 범죄자들의 얼굴을 과학적으로 측정하고 기록하기 위해서 만든 도표입니다. 한마디로 사진술을 이용한 범인식별 체계입니다.

저희가 참고한 논문[16]에서 한 대목 인용해서 말씀드리자면, 사진이라는 매체가 모든 현상과 대상을 계산 가능한 데이터로 환원하는 실증주의적 방법론과 만나면서 인간의 정신적 육체적 특징을 정의해내는 영역까지 확장되었다고 하는데요.

달리 말해, 저희의 표현으로 하자면 '과학적 연구사진'은 인간의 지각으로는 잡아채지 못하는 블랙박스적인 순간을 해체하는 것이면서, 한편으로는 새로운 분류 기준을 세우기 위한 시도의 산물이기도 했던 것입니다. 박상우의 저작에서도 과학적 연구사진을 새로운 위치에서 해석하며 그 자체가 가진 미학을 다루는데요. 이러한 과학적 연구사진들은 지금의 인공지능 같은 컴퓨터 과학과도 연결해서 생각해볼 수 있습니다.

현재의 인공지능, 인공지능 훈련을 위한 데이터세트(**data-set**), 그리고 얼굴인식기술을 생각해보면 어딘가 **19**세기 과학사진의 전통이 이어지는 것처럼 보이기도 합니다. 한편으로는 하나의 기술이 부상할 때 비슷하게 반복되는 패턴으로 볼 수도 있겠고요. 인간사회와 자본이 가진 제어를 향한 끊임없는 욕망, 혹은 그 욕망을 제어하고자 하는 욕망이랄까요? 이러한 계보를 관찰할 수 있는 사진들이기도 합니다.

한편 19세기 프랑스 신경심리학자 기욤 뒤센(Guillaume Duchenne)은 사람들의 얼굴에 전류를 흘려보내고 그 결과를 사진으로 찍는 실험을 했습니다. 즉 얼굴 근육에 전기 자극을 줘서 근육의 움직임으로 얼굴 표정을 만들어낸 것이죠. 이것 역시 과학적 연구 사진으로 분류해볼 수 있습니다. 뒤센은 인간의 영혼이 얼굴에 그려질 수 있다고 믿었다고 합니다. 안면 근육을 사용해서 감정을 표현하는 우리의 능력을 '하나님이 주신' 보편적인 언어라고 생각했고요.

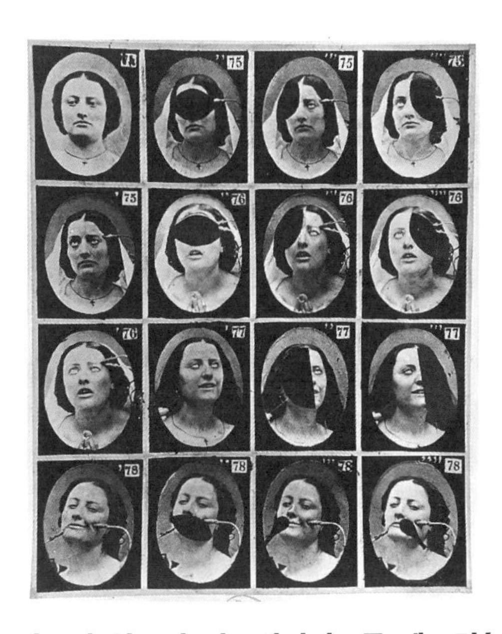

다음은 비교적 최근의 연구입니다. 폴 에크먼(Paul Ekman)은 1975년 저서 『언마스크, 얼굴 표정 읽는 기술(Unmasking the Face)』에서 인간에게는 놀라움, 두려움, 혐오감, 분노, 행복, 슬픔이라는 여섯 가지 감정을 드러내는 얼굴 표정이 있고 이 표정에 전 세계적 보편성이 있음을 밝혔습니다. 이 책은 표정을 객관적으로 기술하는 과학적 연구서이면서 감정을 이해하기 위한 실용서이기도 해서, 흥미롭게도 한국에서는 처세술로 분류될 만한 책으로 번역되어 있습니다.

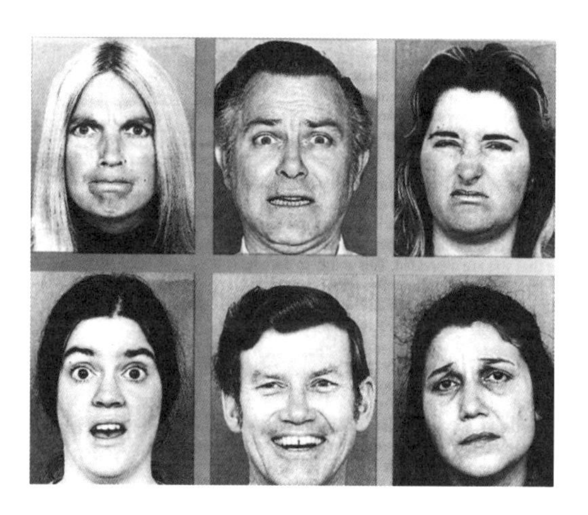

얼굴 표정을 그렇게나 단순하게 축소해서 분류할 수 있는가 하는 비판을 받기도 하는데요. 한편으로는 이 연구도 수천 가지의 얼굴 표정이 있을 수 있음을 명기하고 있고, 얼굴 표정과 심리가 연결되지 않을 수도 있음을 밝히고 있어요. 더 세밀하게 분류하는 것이 더 진실한 것인가라는 질문도 존재할 수 있겠고요.

현재 많이 사용되는 마이크로소프트의 애저(MS Azure) 같은 표정인식 인공지능 역시 이러한 분류체계에 기반하는데요. 폴 에크먼 연구에는 존재하지 않던 '중립'이라는 도메인이 등장합니다.

저희의 2017년 작업인 「페이셜 코딩(Facial Coding)」은 여덟 가지의 일반적인 얼굴 표정을 촬영하고, 각 얼굴을 네 부위로 나눈 다음 그 모듈을 무작위로 섞은 작업입니다. 이 결과물을 다시 얼굴 표정 인식 프로그램에 되먹임했을 때, 인간의 지각과는 달리 뉴트럴(Neutral) 값, 그러니까 중립이라는 결과가 도출되는 얼굴들이 있었어요. 이 사진들이 바로 그런 얼굴들입니다. ↵

어쩌면 기계의 입장에서는 인간의 표정이 일종의 블랙박스겠지요? 감정을 뒤섞은 얼굴을 인공지능이 어떻게 인식하는가에 대한 (가짜)과학적 연구 사진이라 할 수 있겠습니다. 이 실험은 인공지능이 '인간의 감정과 표정이라는 블랙박스 시스템'을 대면하며 겪을 수많은 오차와 오류를 어떻게 '중립'이라는 도메인을 경유해 조정하고 있는가에 대한 상상을 하게 합니다. ↵

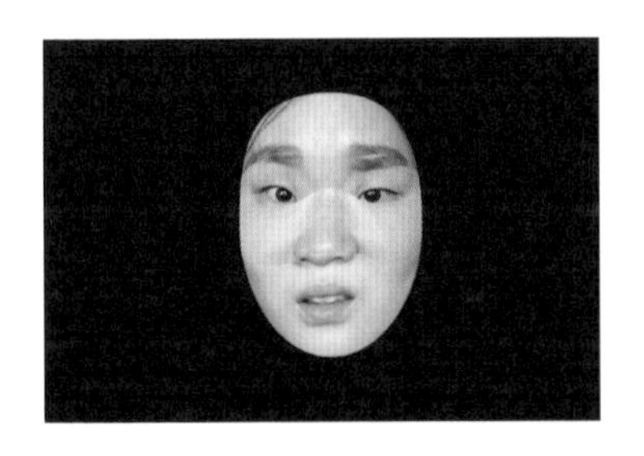

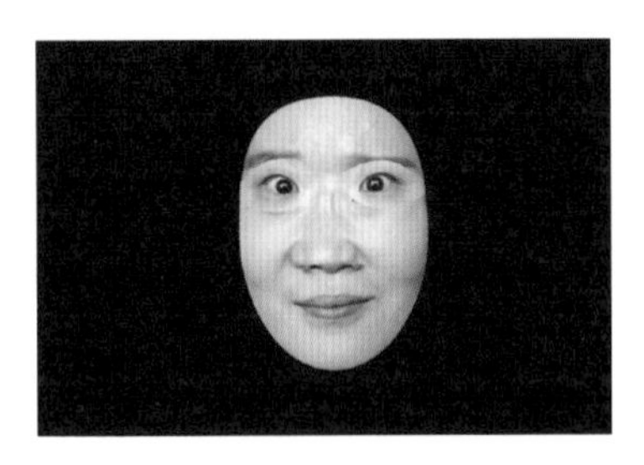

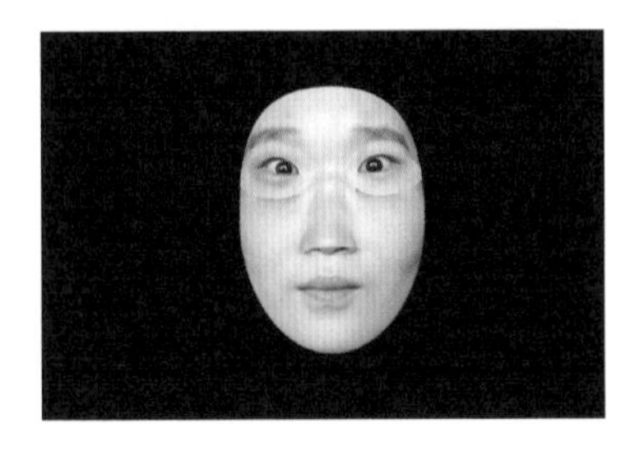

네? 아, 네. 질문하세요. 아, 중립이요. 컴퓨터 과학에서 중립이란 중간자적 입장, 회색지대, 이런 의미와는 좀 다릅니다. 그보다는 가설의 참이나 거짓과 상관없는 상태를 일컫는 것으로 짐작됩니다. 이를테면 다음과 같은 문장이 주어졌다고 합시다. "개 두 마리가 들판을 달리고 있다." 이 문장에 대한 함축, 중립, 모순은 각각 이렇습니다.

함축: 야외에 동물들이 있다.

중립: 몇몇 강아지들이 막대를 잡으려고 달리고 있다.

모순: 반려견들이 소파에 앉아 있다.

즉 주어진 문장이 참이면 참인 문장이 함축, 주어진 문장의 참 거짓과 상관없는 문장이 중립, 주어진 문장이 참이면 거짓이 되는 문장이 모순인 것입니다.

얼굴 표정과 관련해서 생각해보면, 중립은 우리가 감정으로 인지하는 중립이기보다는 여러 가지 모드로 변화된 다양한 표정을 중화(neutralized)하는 상태라고 볼 수 있습니다.

인간이 유독 인간의 얼굴에 예민한 현상에 대해서도 생각해봅시다. 일본 도쿄에서 북서쪽으로 두 시간 거리에 위치한 지치부에는 이상한 박물관이 있습니다. '호기심 많은 바위의 전당'이라고 불리는 이곳에는 인간의 얼굴을 닮은 바위가 1700개 이상 있지요. 고전적 의미의 얼굴 형상 외에도 동키 콩이나 니모처럼 게임, 영화의 캐릭터를 닮은 바위도 수집되어 있습니다.

서로 연관성이 없이 무작위로 나타난 현상들에 일정한 규칙성이 있다고 믿는 인식의 오류를 아포페니아(Apophenia)라고 부르는데요. 그중에서도 불특정한 이미지, 소리 등으로부터 얼굴, 빛 등 특정한 패턴을 추출하려는 심리를 파레이돌리아(Pareidolia)라고 합니다.

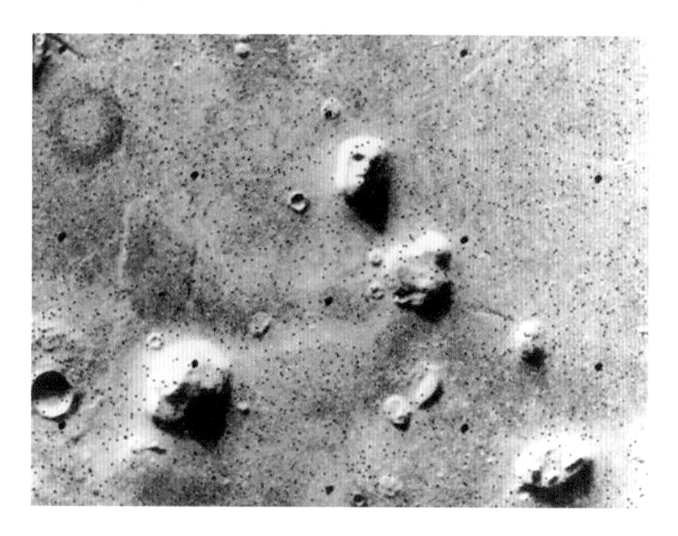

우리는 바위는 물론이고 구름이나 벽지, 하물며 식빵의 단면에서도 인간의 얼굴을 닮은 형태를 발견해내곤 하죠? 이러한 극단적 예민함의 기술은 인간의 감정과 마음이라는 블랙박스를 이해하고자 인류가 오랜 시간 다양한 환경에서 엄청나게 학습한 바가 유전자에 각인된 결과일 수 있습니다. 얼굴을 감지하는 데 효율적인 관찰력과

이해력은 진화론적으로도 이점이 크다고 이해되고 있으니까요.

이렇듯 잘 학습된 인간의 얼굴인식 능력은 존재하지 않는 얼굴을 보는 오탐(False-positive)으로 이어질 수 있습니다. 흥미롭게도 오탐은 인공지능에서도 종종 관찰되는 현상이에요.

지금 보여드리는 것은 저희가 최근에 진행했던 「생태계」라는 작업입니다. 얼룩말 무늬의 천을 사람이 둘렀을 때 인공지능은 변화하는 외곽선에 잠재되어 있는 형상을 지각하면서 계속 다른 대상으로 인식했습니다. 때로는 야생의 얼룩말로, 때로는 카우보이 부츠로, 소파로, 베개로요.

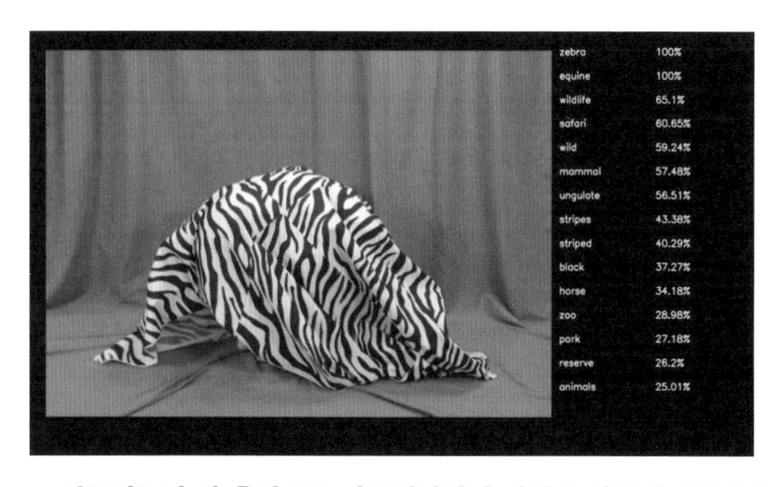

인공지능의 이 흥미로운 아포페니아적 시선은 엉뚱한 연관성을 추출하면서 사물 간의 전혀 다른 상관관계를 깨닫게 만들기도 하는데요. 기본적으로 '시각 노동의 자동화' 기술의 왜곡된 효과일 이 아포페니아는 일순간 한 존재를 우습고도 시적인 무엇으로 바꾸어놓습니다. 그리고 식별 가능성이라는 목표에 대한 집착을 무화해버리지요.

이때 블랙박스는 자본적인 예측을 벗어나 분류의 서사를 깨트리는 눈으로 연결되는 새로운 무대가 될 수 있습니다. 즉 고착된 분류 체계를 우회하는 다른 시각의 발견 혹은 새로운 의미의 연결에 관한 호기심, 다시 말해 아포페니아는 분류의 체계를 넘어 사이의 의미를 끌어낼 수 있는 구멍으로서 다가옵니다.

이번에는 그린 스크린을 배경으로 선 인물이 포즈를 이리저리 바꿉니다. 이 포즈들은 각각 다른 정체성을 드러내는 객체로 인공지능에 인식되죠. 차렷 자세에서는 42퍼센트 정도의 값으로 '사람', 팔다리를 쭉 펼치면 98퍼센트의 값으로 '댄서'로 인식되었고, 동작에 따라 '골퍼'나 '플레이어', 손을 허리에 올린 다소 귀여운 자세에서는 '매력적(attractive)'이라는 단어의 값이 올라갔습니다. 이 숫자들은 확률적 가능성을 의미합니다. 98퍼센트 확률로 이 대상이 댄서임을 확신할 수 있다, 혹은 55퍼센트 확률로 골퍼일 가능성이 있다는 것이죠.

이는 사물에 대한 맥락 없는 정보적 물화처럼 보이기도 하고, 더없이 계량화된 냉철한 시각으로 보이기도 합니다. 또 한편으로는 이미지 속에 잠재된 '태'를 분석하며 여러 값을 늘어놓는 이 기술이 마치 아까 언급한 파레이돌리아 놀이를 하는 것처럼 느껴지기도 합니다. ↵

컴퓨터 과학에서는 현실의 데이터를 설명할 때 '지저분한(messy)'이라는 표현을 씁니다. 인공지능으로 인코딩될 때는 명확한 카테고리에 기반해야 하는데, 현실은 경계와 분류가 딱 떨어지기 어려운 유동성을 지니고 있어서 예측을 빗나가게 하기 때문입니다.

한편으로는 아까 얼룩말 작업에서 보셨듯이, 너무나 많은 데이터들이 입력되는 동안 인공지능이 수없이 많은 특성들을 추출해내

면서 그 값들이 중첩되기도 합니다.

이러한 지저분함과 대량의 데이터는 인공지능의 오류를 일으키는 주요한 원인으로 짐작됩니다. 주어진 정보에서 단 4퍼센트만 변조해도 인공지능이 잘못된 카테고리로 분류할 확률이 97퍼센트까지 올라간다고 하고, 이 경우 신경망은 정보를 진정으로 이해하지 못한 것으로 여겨집니다.

사람이라면 스쿨버스의 외형을 조금 변조한다고 해서 타조라고 인식하지는 않겠지요. 하지만 그렇다고 해서, 사람의 인지 방식이 사물의 본질을 진정으로 이해하는 방식이라고 생각할 수 있을까요? 인간의 인지 방식도 결국 정보를 처리하는 것이고, 그 과정은 나름대로 다른 착시와 오류의 가능성을 지니니까요.

블랙박스적 알고리듬 속에서 우리의 해석 놀이, 혹은 가설 놀이의 가능성을 어디까지 확보할 수 있을까요? 블랙박스는 과연 입력과 출력 사이의 불투명한 기계 장치를 넘어 엉뚱하고 시적인 순간을 제안하는 열린 구멍으로 거듭날 수 있을까요? 지금까지의 리서치를 통해 저희에게 남겨진 질문인 것 같습니다. 감사합니다. ↵

영국 연못에서 발견된 흑조가 알고 보니 누군가가 버린 쓰레기 때문에 털이 오염된 백조인 것으로 밝혀졌다. 17일(현지시간) 영국 BBC 등은 윌트셔 웨스트버리의 한 연못에서 발견된 흑조(흑고니)를 씻겨보니 흰 몸통이 드러났다고 보도했다. 처음 발견됐을 당시 새는 날개 끝부분을 빼곤 몸 전체와 부리까지 모두 검은색이었다. 하지만 호주와는 달리 영국에는 흑조가 서식하지 않아 주변 시민들의 의문을 샀다. 왕립동물학대방지협회(RSPCA)는 검은 새가 자신의 몸을 부리로 정리하고 씻어내려고 하는 점을 수상히 여겨 구조했다. 이후 몸을 씻겨보니 구정물이 나오며 일부 몸통에서 흰 털이 드러났다. RSPCA는 새의 몸을 물들인 물질이 프린터에 주로 사용하는 검은색 토너라고 추정하고 있다. 조사관 스테프 댈리는 “처음엔 흑조인 줄 알았다”면서 “여러 번 씻겼지만, 아직도 검게 물든 깃털이 원래의 색으로 돌아오지 않고 있다"고 안타까워했다.

환경 당국은 누군가가 고의로 폐기물을 버린 것으로 보고, 조사에 착수했다.[17]

쓰기와 읽기

내러티브는 흔히 '서사'라는 말로 번역된다. 사전적 정의에 따르면 서사는 인간의 행위와 관련되는 일련의 사건들에 대한 언어적 재현 양식이다. 일기 같은 사적 기록에서부터 신문, 뉴스, 역사와 같은 공적 기록에 이르기까지 삶의 기록물 전반은 물론이고 설화, 전설, 우화 등 '이야기'로 통칭되는 모든 양식과 소설, 영화, 연극 등 '줄거리'를 지닌 모든 예술 장르에서 서사를 발견할 수 있다.

언어적 속성을 띠고 일련의 사건을 서술한다면 미술 작품도 내러티브를 가진다고 할 수 있다. 그러나 미술이 서사와 맺는 관계는 생각보다 단순하지 않다. 내러티브나 메시지를 전달하기 위해 텍스트를 주된 매개로 사용하는 작업에도 여러 종류가 있다.

제니 홀저 같은 개념미술가는 언어의 정치적 성격에 대한 관심에서 출발해 점차 텍스트의 미학적 구성과 규모의 스펙터클 쪽으로 전향했다. 비디오 작품에서 서정성을 보충하기 위해 시적인 문장을 개입시킨 경우는 일일이 거론할 수 없이 많을 것이다. 한편 여성주의적 글쓰기의 한 태도로서 내러티브를 전달하는 방식 자체를 제안했던 예술가들이 있다. 마르그리트 뒤라스가 영화와 문학의 경계에서, 차학경이 문학과 미술의 경계에서 보여주었던 '다시 쓰기', 혹은 '겹쳐 쓰기'의 실험이 한 예일 것이다. 이야기란 본질적으로 하나의 결론으로 귀결될 수 없으며 문자 언어든 음성 언어든 언어의 의미 또한 확정적인 것이 아님을 그들의 글쓰기는 보여주었다.

언어에 관한 작업을 꾸준히 해오고 있는 이수진의 「소리 내 읽어주세요」(2019)도 그 계보 위에서 살필 수 있다. 이 작업은 A4 사이즈 종이 한 장이라는 작은 무대 위에서 펼쳐 보이는 쓰기와 읽기의 실험이다. 「소리 내 읽어주세요」가 문자로 전달하는 내용은 아

이 글은 《VISUAL》 16호에 수록한 글 「다시 쓰는 이야기, 갱신하는 이미지—미술이 내러티브를 다루는 몇 가지 방식에 관해」를 일부 고쳐 쓴 것입니다.

주 간단하게 간추려진다. 유명 성우였던 친척에게 일을 부탁하려 했는데 그가 사망하는 바람에 결국 하지 못했다는 것이 서사의 전부다. 그래서 원래 제작하려던 영상은 만들지 못하고 그 사건을 이렇게 텍스트로 남겼다는 것이다. ↵

소리 내 읽어주세요. 소리 내 읽어주셔야 합니다. 친척 중에 성우가 있었다.
친척 중에 성우분이 있었어요. 성우인 친척분이 있었는데, 내 친척 중 성우
일을 한 분이 있었어. 오래전 일이다. 오래전의 일입니다. 옛 옛은 옛날 일
였. 옛 옛 옛날 얘, 오래도 오래된 일이랍니다. 사실 이건 내
이야기가 아니에요. 들은 이야기입니다. 그분은 유명한 할리우드 배우의
목소리를 연기하셨다. 텔레비전에서 그 배우가 나오는 영화를
모화를 틀 때마다 그분의 이름은 화면에 등장했다. 아니 그 배우를 연기
하셨다. 아니 그 배우가 연기하는 캐릭터를 연기한 거다. 그 캐릭터의
목소리를 연기하셨다. 그 당시 그 배우는 매우 인기가 있었다. 난 그
성우분을 단 한 번 만난 적이 있는데, 내 영상작업에서 목소리를 부탁하고
싶었는데, 어떤 목소리를 부탁해야 하나 고민하고 생각하는 동안 그분은
돌아가시고 결국 그분이 내 영상작업에 나오는 일은, 아니 그분의 내 영상
작업에 나오는 일은, 아니 그분의 목소리가 등장하는 일은 일어나지 않았다.
그래서 영상이 아닌 글로 이렇게 쓴다. 그분의 목소리는 영화 더빙 버전으로
기록되었다. 이 글은 그 할리우드 배우의 목소리를 연기한 어떤 분의
목소리에서 시작한 글입니다. 아니, 나와 가족관계로 연결된 어떤 분이
세상 사람들에게 친숙한 할리우드 xxx 배우의 목소리를 더빙한 분이라는
이야기를 듣고 시작된 글이다. 그분은 그 외국 배우의 젊었을 시절
목소리를 연기했었다. 나중에 그 배우 역할을 다른 성우가 맡아서 더빙한
것을 알게 되었다. 목소리에 대한 이 짧은 글은 결국 한글로 쓰입니다.
소리 내 읽어주세요. 이 글은 목소리에 대한 xx 글입니다. 목소리에
관한 이 짧은 글이 텍스트라서, x "쓰여진 글" 이라서, 소리를 바탕으로
만들어졌다는 이 언어로 한자씩 이렇게 쓰여져서 다행입니다.
정말다행이에요.

한글로 된 텍스트는 구식 아날로그 타자기로 타이핑되어 행간이나 자간이 불규칙할 뿐 아니라 부분적으로 글자가 겹쳐 있다. 가위표를 쳐 지운 곳도 있다.

문장들은 아주 단순하다. 그러나 같은 내용이 조금씩 변형되어 두세 번 반복되기 때문에, 어떻게 표현할지 단어를 고르고 있는 화자의 머릿속을 실시간으로 보여주는 것 같기도 하고, 누군가의 더듬거리는 육성을 그대로 받아쓴 것처럼 보이기도 한다. 또 어떻게 보면, 동일한 의미라도 매번 다른 어미와 구절의 문장으로 도출될 수밖에 없는 '번역'의 특성을 드러내는 것 같기도 하다. 따지고 보면 세상에 존재하는 모든 문장은 내뱉어지기 전에 서술자의 내면에서 일차적으로 번역된 문장인 것이다.

글과 말의 번역 (불)가능성, 그리고 언어와 정체성의 관계라는 이수진의 테마는 그의 다른 영상 작업들에서 더 명료한 주제로서 다루어지는 것 같다. 그러나 이 단순한 텍스트 작업이 유독 흥미로운 것은 언어로 서술하기라는 매우 기본적인 내러티브의 방식을 취하면서 동시에 그로부터 최대한 멀리 달아나려는 미술적 실험을 보여주는 까닭이다. 모국어로 쓰인 쉬운 문장들의 조합이 어딘가 낯설게 느껴지는 건 그래서일 것이다.

작가가 제목에서 소리 내어 읽어달라고 부탁했기 때문에, 우리는 이 텍스트를 한번 소리 내어 읽어본다. 이것을 어떤 톤으로 읽을지는 전적으로 우리 자신에게 달려 있다. 성우였던 누군가가 과거에 죽었다는 사실, 그리고 그 사실에 대한 더듬거리는 기록의 흔적은 화자의 육성을 각자의 방식으로 재연하게 만든다. 그리고 아이러니하게도 어느 할리우드 영화 더빙판 속에 여전히 살아남아 존재하고 있을 망자의 실제 육성도 동시에 상상하게 한다.

이 상상의 여정에서, 쓰기와 읽기는 말하기와 듣기라는 한층 감각적인 가상의 신체경험으로 확장된다. 그 속에 여러 겹의 글쓰기가 놓여 있다. 여러 겹의 목소리, 여러 겹의 뉘앙스, 어쩌면 허구일지도 모를 이 사건에 관한 여러 겹의 진실.

서사는 결국 이야기의 뼈대가 아니라 이야기에 달라붙는 감각의 살점들로 인해 전달되고 살아남는지도 모른다. 죽은 자의 생몰연대는 바뀔 수 없다. 그러나 그 서술은 백번이고 다시, 다르게 적힐 수 있고 다르게 읽힐 수 있다.

재

화장을 마친 뼈는 몇 줌의 가루가 되어 유골함에 담겼다. 수골실 바깥에 지정된 자리로 가보니 유골함이 놓여 있었다. 생각보다 훨씬 작은 단지였다. 참석자는 안내하는 직원이 일러주는 대로 한 사람씩 돌아가며 단지에 손을 잠시 대어볼 수 있었다. 내 차례가 되어 유골함 앞에 서자 눈앞이 조금 흐려졌다. 손바닥을 대어보니 놀랍게도 유골함이 아직 따뜻했다. 현의 숨결이 아직 그 항아리 속에 깃들어 있는 것 같았다. 우리가 나눈 시간이, 웃음과 눈물이, 함께 읽은 책이, 가보지 못한 사막이, 우리가 아직 짓지 않은 집이, 우리가 아직 낳지 않은 아이가, 모두 뒤섞여 소용돌이치며 보이지 않는 입자가 되어 그 속으로 빨려 들어갔다. 타고 난 숯이 식을 때 시간이 걸리는 것처럼 이 온기가 사라지는 데에도 시간이 필요하다는 사실을 생각했다. 지상에 남은 현의 마지막 온기를 느끼며 나는 참지 않고 울었다.

개의 얼굴

불교에서는 사람이 108개의 번뇌를 가지고 있다고 본다. 108이라는 숫자는 헤아릴 수 없이 많은 수를 상징적으로 뜻하는 것일 테지만, 구체적으로 셈을 하는 산출법도 전해져 내려온다.

먼저 사람의 몸에는 여섯 가지 감각기관이 있다. 눈, 귀, 코, 혀, 몸, 의지. 이들 감각기관에서 일어나는 반응을 색깔, 소리, 냄새, 맛, 감각, 의식이라는 여섯 가지 대상으로 꼽는다. 그리고 그 대상과 접촉했을 때 받는 느낌을 크게 세 가지로 나눌 수 있다. 좋거나, 나쁘거나, 좋지도 않고 싫지도 않거나. 이 경우의 수를 모두 곱하면 6×6×3=108이므로, 인간의 번뇌를 백여덟 가지로 보는 것이다.

작위적인 도식이기는 하지만, 백이나 천이나 만과 같은 관념적인 숫자에 비해 108이라는 구체적인 숫자는 인간의 멋없는 번민과 고통의 번잡함을 직관적으로 드러내준다.

무언가를 열성으로 반복하는 극진함도 인간이 가지고 태어난 번뇌 중 하나인 것일까? 인간은 세상 모든 중생 가운데서 손발과 도구를 가장 많이 이용하는 동물이다. 보리수 열매 108개를 줄에 꿰어 지극한 마음으로 돌리는가 하면, 번뇌를 끊어내기 위한 수행으로 108번의 절을 하기도 한다.

부단한 움직임의 궤적으로 보살핌의 시간과 예술의 시간을 잇는 작업을 수행해온 작가가 있다. 윤석남 작가는 2003년 서울 근교 시골에서 유기견 1025마리를 기르고 있는 60대 여성 이애신의 이야기를 신문에서 읽고, 그를 찾아갔다. 컨테이너에 살면서 버려진 개들을 무심히 거두어 돌보는 이애신의 삶은 작가에게 깊은 충격과 울림으로 다가왔다.

그 후 윤석남은 5년 동안 두문불출하며 1025마리의 개들을 조각에 담았다. 그런데 이 조각은 재료를 빚거나 입체적으로 깎아서 대상의 모습을 형상화하는 전통적인 조소의 기법을 따른 것이 아니었다. 윤석남은 버려진 나무를 주워 와 개의 형상과 비슷하게 덩어리를 자르고 그 위에 얼굴을 그려 넣는 방식으로 나무-개를 만들었다. 그래서 이들은 나무와 조각의 사이에 있는, 절반쯤은 아직 폐목의 모습을 하고 있는 존재다.

병들거나 주인이 싫증 내며 버린 개를 이신애 할머니가 거두어 치료하고 보살핀 것처럼, 작가는 쓸모를 다해 버려진 나무를 주워 모아 정성껏 손질했다. 처음에 나무판때기에 불과했던 물체는 얼굴을 가지면서 개의 몸이 되었다. 공들여 표정을 그려 넣고 특징을 지어준 얼굴. 따지고 보면 사실 이 폐목도 베어져서 목재가 되기 전에는 생명을 가진 나무, 또 하나의 중생이었다.

윤석남의 작품 속에서 죽은 나무는 개의 몸이 되기도 하고 여성의 몸이 되기도 했다. 이전에 그는 빨래판, 문짝 같은 버려진 사물들을 주워 여성의 모습을 형상화하는 작업을 주로 했다. 더 거슬러 올라가, 중년 나이로 미술을 시작하면서 처음 그린 것은 어머니의 초상이었다. 작가의 시선은 어머니에서 출발해, 어머니 세대의 여성 일반으로, 그리고 여성성 자체로 확장되어왔다. 이런 그에게 있어 존재를 향한 성찰의 시선이 비인간 동물종에게로 확장되는 것은 에코페

미니즘이라는 거창한 말을 빌려오지 않더라도 자연스러운 과정이었을 것이다.

작가는 개의 얼굴 하나마다 여러 차례의 공정을 거치며 시간을 들였다. 손으로 하나하나 다듬고 보듬는 과정, 시간의 손때가 묻은 얼굴 하나하나가 거쳤을 접촉의 과정. 이 중첩된 시간은 탑 주변을 끊임없이 돌며 소원을 비는 일이나 강강술래처럼 극진한 반복의 행위에 깃든 주술적 힘을 연상하게 만들기도 한다. ↵

개의 면면을 가만히 들여다보자. 어떤 개는 점박이다. 어떤 개는 털이 북슬북슬하다. 어떤 개는 목을 길게 빼고 있다. 어떤 개는 다리가 깡총하니 짧다. 어떤 개는 혀를 내밀고 있다. 어떤 개는 달리다가 막 멈춘 듯 꼬리가 바람에 휘날리고 있다. 어떤 개는 눈물을 떨어뜨릴 것 같은 눈을 하고 있다.

1025마리의 개들이 저마다 다른 모습과 표정을 하고 있다. 유일하게 같은 점이 있다면, 시선의 방향이다. 모든 개가 하나같이 관객을 정면으로 올려다보며, 무언의 말을 건네고 있는 것이다. 그렇다면 이 작품의 요체는 '시선'일지도 모른다.

좁은 간격으로 늘어서서 정지해 있는 개들의 군상은 누군가를 하염없이 기다리는 유기견의 안타까운 모습을 상상하게 한다. 하지만 또 달리 보면 누군가를 지켜주기 위해 우뚝 선 장승처럼 보이기도 하고, 스쳐온 삶을 온몸으로 증명하기 위해 기꺼이 재판의 시간을 견디는 증인의 모습 같기도 하다. 이들은 묵직한 실체로 버티고 서서 '말 못 하는 존재'라는 개념을 우리 눈앞에 드러낸다.

그러니까 이 조각들은 그저 개를 형상화하고 있는 것이 아니다.

버려진 생명들의 도감.

살아 있고 죽어 있는 모두의 존엄.

그 존엄에 빚지며 살아가는, 우리 스스로의 초상.

수장고에서

여자는 인터뷰를 마친 뒤 몇 장의 사진을 찍었다. 수장고에 빼곡하게 늘어선 조각들은 수년 전 전시장에서 본 것과 희미하게 다른 느낌이었다. 분명 살아 있는 개가 아니라 조각인데도, 그들은 나이가 들어 있었던 것이다. 하지만 시간의 흐름을 인지할 수 있을 만큼의 미세한 변화일 뿐이었다. 이 공간에서는 시간의 풍화작용이 아주 느린 속도로 진행되는 것만 같았다.

만져봐도 괜찮아요.

작가의 말에 여자는 조각에 손을 가만히 대어보았다. 노인의 살결처럼 거칠지만 온기가 있었다. 손을 댄 채로 개의 까만 눈망울을 들여다보고 있는데, 뱃속에서 가벼운 발길질이 느껴졌다. 아이도 이 공간에 들어찬 수많은 '존재'들을 알아차린 것 같았다.

아이를 가진 후 얻은 가장 놀라운 인식은 몸속에 두 개의 심장이 뛰고 있다는 사실이었다. 어느 것이 자신의 심장 박동인지 분간할 수가 없다는 점 말이다. 여자는 한 손을 배에 대고 다른 한 손을 나무-개의 머리에 댄 채로 잠시 심호흡을 했다. 돌아 나오는 길, 불을 끄기 전에 조각들 하나하나에 눈을 맞추었다.

여자는 아무리 황폐한 시절에도 무엇인가를 만들고 매만져 타인의 시선과 한자리에 마주시키는 일을 생략할 수 없는 까닭에 대해서 생각했다. 대면하지 않고는 일어나지 않는 예술의 어떤 화학작용에 대해서. 그리고 시간의 느리고도 집요한 발걸음에 대해서.

여든이 넘은 작가는 미소 지으며 말했다. 죽는 날까지 건강한 육체로 작품을 만들기 위해서 하루에 한 시간씩 반드시 걷고 있다고.

문을 나서자 한낮의 빛이 머리 위로 일시에 쏟아져 내렸다. 현관 앞에 작은 밥그릇이 두 개 놓여 있었다. 아까 택시에서 내렸을 때, 까만 고양이 한 마리가 휙 지나갔던 것이 떠올랐다.

어떤 설계안

한 건축가가 시골의 면사무소 설계를 맡았다. 그런데 그는 설계도면은 그리지 않고 동네 주민들이 원하는 게 무엇인지 일일이 물어보고 다니기 시작했다.

주민들은 하나같이 대답했다. "면사무소는 뭐 하러 짓는가? 목욕탕이나 지어주지." 어르신들이 목욕을 하려면 봉고차를 빌려 타고 도시까지 나가야 했던 것이다. 건축가는 생각했다. 주민 자치 공간에서 가장 중요한 건 주민들이 필요로 하는 공간이라고. 그래서 그는 면사무소 건물 안에다 정말로 목욕탕을 지었다. 2011년 암 투병 끝에 별세한 건축가 정기용의 이야기다.

말하는 데 능숙한 사람이 있는가 하면, 듣는 데 능숙한 사람이 있다. 사람은 저마다 다른 장단점을 갖고 있게 마련이지만, 타인의 이야기를 귀담아듣는 사람을 만나면 오래도록 마음에 남는다. 잘 들을 줄 아는 귀를 가진 사람은 생각만큼 흔치가 않기 때문이다. 정기용은 그런 사람이었던 것 같다. 공간을 사용할 사람들의 이야기에 귀를 기울였던 건축가. 건축 자체보다는 일상적 환경에 더 관심을 기울였던 건축가.

이 글은 「'기적의 도서관' '노무현 사저' 설계한 그 건축가는…」(프레시안북스, 2011. 9. 2.)과 『사로잡힌 돌』(2019)에 처음 수록한 「기억하는 돌」을 고쳐 쓴 것입니다.

계원조형예술대학, 효자동 사랑방, 동숭동 무애빌딩, 파주 은하출판사, 봉하마을 노무현 대통령 사저 등 정기용은 다양한 종류의 건축물을 설계했다. 하지만 특별히 오랜 시간과 애정을 쏟은 것은 공공 프로젝트들이었다. 2003년부터 7년 동안 전국 각지에서 펼친 어린이 도서관 만들기 운동에서 그는 하나의 목표를 놓지 않았다. 바로 훈육의 공간이 아니라 상상의 공간을 어린이에게 만들어주어야 한다는 신념이었다. 행운이면서 동시에 고난의 행군이었다고 회상한 무주 프로젝트 역시, 10여 년에 걸쳐 진행된 공공 건축 프로젝트였다. 면사무소에서부터 납골당까지 30여 개의 건축을 다루면서, 그는 스스로 많은 질문을 던졌다고 한다. 곤충박물관을 지을 때는 '곤충이란 무엇인가?'를 묻고, 어린이 도서관을 지을 때는 '왜 어린이가 중요한가?'를 묻고, 강남에 아트센터를 지을 때는 '강남이란 대체 어떤 땅인가?'를 먼저 묻는 것이다. 이러한 근원적 질문은, 답을 구하기 위해 공간과 대화를 주고받는 과정에서 의미 있는 씨앗이 되고, 시간이 흐르면 건축적 사유로 현실 공간에 뿌리를 내린다.

그러고는 또 다른 질문들을 만든다. 내면을 가진 집을 만들기 위해서 주거 공간의 구조는 어떠해야 하는가? 마을 사람들의 사회관계를 창건하는 장소로 건축을 하는 일은 과연 가능한가? 한국의 근대사는 죽음과 학살의 역사인데, 집단의 죽음을 제대로 기억할 수 없게 만드는 사회에서 개인의 죽음을 추모하는 납골당은 무슨 의미를 띠는가?

> 사유지 안에 세워지는 건축은 동시에 지구 위에 구축되는 건축임을 피할 수 없기 때문에 건축은 그 태생이 공공적이다. 우리가 건축을 그토록 윤리적 범주 안에 넣어야 하는 까닭이 바로 이 때문이며 건축을 개인의 작품으로서가 아니라 윤리적 실천으로 다뤄야 하는 까닭이 여기에 있다.

"사람과 삶 없이는 건축도 도시도 없다."라는 이 건축가의 주장은 그때나 지금이나 유효하지만, 시멘트를 들이붓는 것으로 정신적 허기를 메우는 시대, 삶의 터전을 갈아엎고 무작정 지어 올리는 방식의 도시 개발은 지금 이 순간에도 쉼 없이 진행되고 있다. 그리고 국가의 폭력은 하나의 데자뷔가 되었다.

정기용 건축가는 생전에 제주4·3평화공원 설계 공모에 참여하면서, 돌로만 이루어진 공원을 구상했다. 목숨을 잃은 희생자 수만큼의 현무암 덩어리를 들판에 그저 모아두는 것으로 애도의 공원을 조성해보려 한 것이다. 완만한 구릉과 오름의 자연적 특성을 그대로 살린 공원 전체 영역에 60센티미터 간격으로 작은 현무암 멍어리를 2만 4000개 배열한다. 학살된 2만 4000명(2002년 당시 추산 집계)의 숫자가 얼마나 어마어마한 인명을 뜻하는지 방문자들이 한순간에 알아차릴 수 있도록, 몸으로 느낄 수 있도록 말이다.

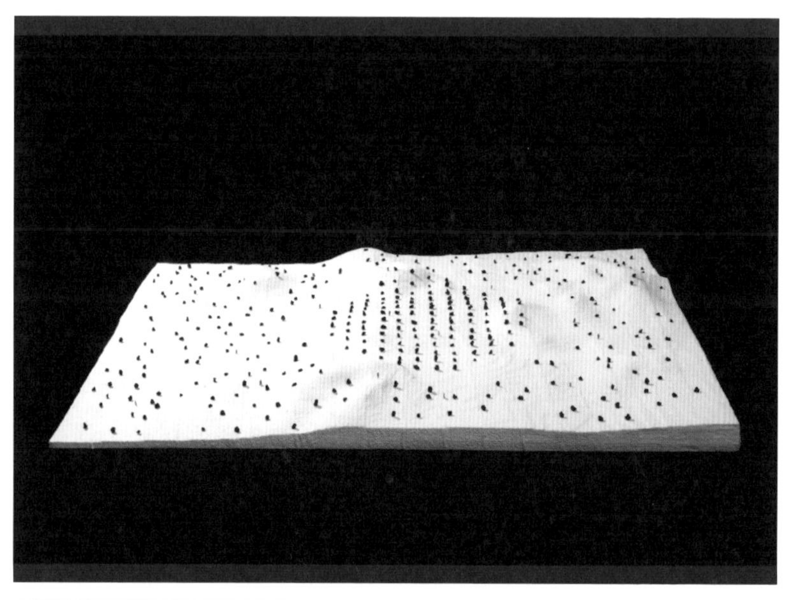

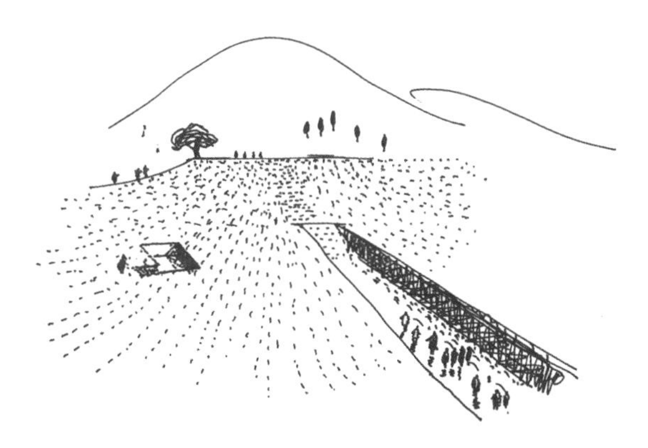

거대한 기념비나 번듯한 추모 공간도 없이, 위패 대신 익명의 돌멩어리들로 공원을 조성하자고 제안한 이 설계안은 물론 당선되지 않았다. 그러나 만약 이 계획이 실제로 구현되었다면, 4.3평화공원은 참으로 특별한 공간이 되었을 것이다. 양지바른 오름 산책로에 여기저기 멍그러니 놓인 현무암 멍어리는 어떻게 보면 이름이 적히지 못한 돌무덤처럼 보이기도 했을 것이다. 사람들은 수많은 돌멍어리가 주는 묵직한 실물의 감각을 통해 희생자의 부재가 현재와 연결되어 있다는 느낌을 받으며 돌 사이를 거닐었을 것이다. 시간이 가면 희생자 집계가 갱신되는 데 따라 현무암 개체는 늘어나야 했을 것이다. 공원은 사건의 의미가 달라질 가능성을 등에 업고 계속해서 살아 움직이는 공간으로 자라났을 것이다.

검은 지도

[시안]
네모난 컴퓨터 모니터 앞에서 정이삭 건축가는 지구가 평평하다고 주장하는 사람들을 떠올리고 있었다. 오랫동안 존재해왔고 지금도 적은 수가 아니다. 이들의 믿음에 따르면 지구는 우리의 눈에 보이는 것과 마찬가지로 평지다. 남극은 60미터 높이의 얼음 장벽이며, 그 바깥쪽은 암흑이 펼쳐진 낭떠러지다. 해와 달은 하늘에 떠 있는 디스크 모양의 원판 조명이며, 중력은 인간의 환상이다. 이러한 지구 평면론자들의 의견은 사실에 기반해 있지 않으므로 굳이 반박할

가치도 없는 주장이라는 것이 과학계의 상식이다. 그러나 그는 이 냉정한 과학적 결론에 동의하는 한편, 지구가 평평하다고 믿는 이들의 마음 깊은 곳에 감추어져 있는, 그들 스스로도 감지하지 못하고 있는, 세계를 향한 불안과 걱정에 공감했다. 인간은 세상에 관한 많은 사실을 머리로 알고 있지만 삶에 속한 대부분의 시간 동안 실체에는 전혀 접근하지 못한다. 인간이 허구에 집착하는 것은 그래서다.

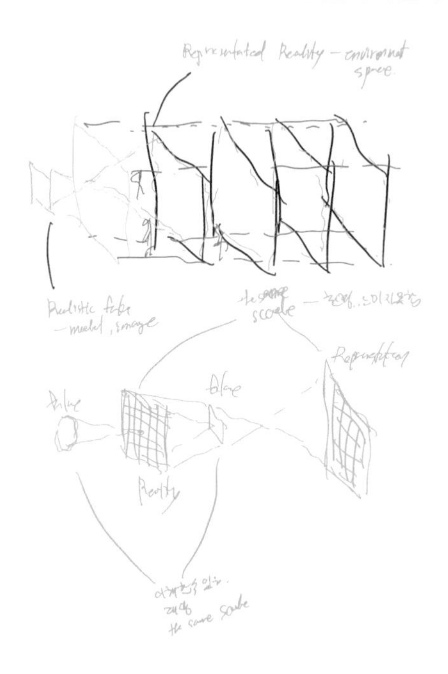

검정이라는 단어를 곱씹어보았다. 그는 생각했다. 세상은 수많은 허구의 지식이 쌓여 만들어낸 검은 지도 같은 게 아닐까. 지도는 경계와 구획이 있어야 제대로 기능한다. 그러나 사실 본래의 자연적인 땅이란 경계가 없는 것이다. 국가의 구분도 지역의 구획도 없는 상태. 태초의 흙처럼, 아직 어떤 형상도 되지 않은 진흙처럼 말이다. 지도란 정치 사회적 동물인 인간이 필요에 의해 인위적으로 경계 지은 가상적 구조다. 마치 땅따먹기를 위해 분필로 그어둔, 언제든 지워지거나 수정될 수 있는 선처럼. ↵

건축가는 잠시 후 결심했다. 이번에는 개별 전시공간의 디자인이 아니라 세상을 바라보는 시점과 이미지의 간극에 관해 일종의 구조를 드러내 보이는 작업을 해봐야겠다고. 먼저 상부와 하부 두 가지의 드로잉으로 구성된 도상을 짜본다. 왼쪽부터 B-2, A, B-1, C로 번호를 매기자. A는 실제 우리가 사는 세계, 우리가 감각할 수 있고 접할 수 있는 세계의 일부다. B-2는 그것을 현미경처럼 확대한 장치, B-1은 그것을 아주 작게 축소한 모형이라고 하자. C는 그 모형을 다시 현실의 스케일로 부풀린 것이다. 결론부터 말하자면 B-1과 B-2는 우리가 이해하는 방식의 세계이고 가짜에 가까운 것이라면, A와 C는 잘 이해하기는 어렵지만 진짜에 가까운 것이다. B-1은 이번에 미술관의 재제작 의뢰로 다시 찾아보게 된 정기용 선생님의 4.3평화공원 설계안 모형 같은 게 될 수 있을 것이다. 잠시 고인을 추억했다. 그는 대학원에서 정기용 건축가의 가르침을 받았고, 건축적 행위를 통해 무언가 다른 일을 도모할 가능성과 의미를 그로부터 배웠다. 다시금 도상을 바라보며 생각했다. 어쩌면 인간의 진정한 지향은 비밀이 숨겨진 휘장 너머가 아니라 우리가 발 딛고 서 있는 평범한 환경일지도 모른다. 이제 이 네 가지 도상을 하나의 공간에 표현해보면 어떨까. 그러면 세계의 일부를 인간이 인식하는 방식에 대해서, 우리가 실체에 접근하는 것이 어떻게 가능할 수 있을지에 대해서 질문할 수 있지 않을까.

[최종본]

본 전시의 공간 계획을 일반적인 도면이나 공간의 입체적 표현이 아닌 그것의 작동 시스템을 표현하는 도안으로 제안합니다. 이 도안은 그림을 걸고 형상을 매다는 레이아웃이나 기술과 같은 것이 아닙니다. 세상 사람들이 세계를 '이해'하는 방식과, 본 전시의 참여자들이 작업하고 설치하는 '재현'의 태도를 설명하는 도안입니다.
이 도안은 우리가 이 세계를 '이해'하고 '재현'하는 방식의 구조도입니다. '이해'는 '이치에 맞게 풀이하는' 이성적이고 과학적인 방식에 기초하고, '재현'은 '재차 드러내는 행위'로, 인지하고 감각하는 것에 치중합니다. 대부분의 우리는 이 '이해'와 '재현'의 사이를 오락가락하지만, '이해'는 주로 정치자나 과학자가, '재현'은 주로 창작자가 관심 있어 하는 것 같습니다.
도안의 구형 입체 지구본(A)은 우리가 살고 있는 '리얼한 세계 전체'입니다. 그 세계가 단순히 지구에 한정된 것은 아닙니다. 우리 인간은 그 세계의 일부를 모형(B-1)으로 축소하거나 세계의 한 지점을 현미경(B-2)으로 확대하여 관찰합니다. 그 이해의 결과들은 이미지(C-1, C-2)로서 존재하고 '리얼한 세계 전체'와 정확히 같을 수 없습니다. 즉 우리는 아무도 이 세계를 사실 그 자체로 이해하고 있지 못합니다. 이것이 우리가 이 세계를 이해하는 방식입니다.
도안의 하부 판(E)은 우리의 신체가 인지하고 감각하는 이 '리얼한 세계 전체'입니다. 도안상에서 이것은 과학적으로는 존재하지 않는 지구의 형상을 띠고 있습니다. 이 형상은 평평한 지구론자들이 주장하는 지구인데, 과학적 근거는 없지만 그들이 체감한 지구를 바탕으로 표현된 것이어서 축소와 확대에 기초한 이해보다는 좀 더 세계의 실체에 가깝다는 생각으로 본 도안에 사용합니다. 그 순전히 체감된, 과학적으로 존재하지 않는 평평한 지구 표면 위에서, 세계를 있는 그대로 바라보고 있는 사람(D)이 본 전시공간의 태도입니다. 이 사람은 이 세계를 이치에 맞게 풀이하려고 하지 않습니다. 이 사람은 세계를 바라보고 느끼고 드러내려 합니다. 이것이 본 공간디자인이 생각하는 재현의 방식입니다.⑱

혹

3개월 넘게 기다려온 진단 결과가 다시 유예되었다. 조직 정밀검사의 소견은, 세포의 성분이 여전히 애매해서 혹을 꺼내보기 전까지는 알 수가 없다는 결론이었다. 절개해서 들어냈는데 암일 수도 있고 아닐 수도 있다는 것이다. 슈뢰딩거의 고양이가 생각났다.

'일단 떼고 보지, 뭐.' 하고 간단하게 결정할 수 있는 문제도 아니라고 했다. 전절제 수술을 하고 나면 몸이 생산하지 못하는 호르몬을 평생 약으로 복용하며 살아야 하기 때문이다. 다행히 세포가 다른 조직으로 전이되었거나 특별히 심각한 증후는 없는 상태였다. 의사는 무작정 건드리기는 아깝다는 의견을 조심스레 비쳤다.

더 기다렸다가 추적 검사를 다시 해보기로 했다. 간호사가 병원의 스케줄 표에 나의 이름 석 자와 6개월 뒤 날짜를 타이핑해 넣었다. 기이한 약속이었다. 반년 뒤에 만나. 1년 뒤에 만나. 병원의 시계는 인생을 조금 다른 시각으로 보게 한다.

이러지도 저러지도 못하고 또다시 검사만 기다리는 신세가 되었지만 나는 그냥 이 상황을 받아들이기로 했다. 이상하게도 이전처럼 초조하거나 답답하지는 않았다. 적지 않은 수의 사람들이 몸속에 하나 이상의 혹을 지니고 살아간다고들 한다. 그 혹이 너무 커지지는 않는지, 주변의 다른 장기를 침범하지는 않는지, 반년이나 1년에

한 번씩 병원에 가서 추이를 지켜보면서 말이다. 평소에는 그냥 함께 사는 것이다. 그러는 사이에 혹은 돌처럼 굳을 수도 있고, 다른 조직을 파괴하는 악성세포로 증식할 수도 있고, 아무 목적도 없는 무의미한 세포덩어리로 남을 수도 있다.

나는 내 목젖 근처에 숨어 있는 콩알보다 작은 크기의 혹이 더는 이질적인 존재로 느껴지지 않고 나의 일부로 여겨지기 시작했다. 계속 지켜보는 수밖에 없다. 이것이 시간이 지나 무엇이 될지는 나도 의사도 신도 알 수 없는 것이다.

꿈

이상한 꿈이었다. 김영글은 팔을 뻗어 고양이의 등을 잠시 쓰다듬어 준 다음 침대에서 일어나 앉았다. 탁자 위는 간밤에 읽던 책과 포스트잇과 드립백 커피 봉지 따위로 너저분한 상태였다. 그 위로 긴 햇살이 두어 번 몸을 꺾은 채 누워 있었다. 벌써 정오에 가까운 시각이었다.

노트북의 전원을 켜고 노아와_슈바르츠와_쿠로와_현_초고_5.hwp 파일을 열었다. 현의 이야기가 길어진 감이 있어 비율을 줄여야겠다는 생각이 들었다. 남성 화자의 누나 이야기도 삭제하기로 했다. 이 소설에 굳이 필요하지 않은 캐릭터라는 판단이 들었다.

김영글에게는 글을 쓸 때 지워나가면서 쓰는 버릇이 있었다. 할 수 있는 한 늘여놓은 다음 버릴 것을 버리면서 내용을 좁혀나가는 것이다. 그래서 완성된 원고의 분량은 늘 초고보다 짧았다.

오늘은 책의 세부적인 내용들을 점검해보기로 했다. 크게 중요한 것은 아니지만 계속 신경이 쓰이는, 이를테면 대명사 표기의 문제 같은 것. 1인칭 시점으로 쓴 남성 화자의 챕터에서는 여성을 지칭하는 대명사를 '그녀'로, 3인칭 시점으로 서술한 그 외 챕터에서는 최근의 경향에 맞추어 '그'로 표기했는데, 독자들이 혼란을 느낄 수 있겠다는 걱정이 들었던 것이다. 김영글은 볼펜을 딸각거리며 생각을 곱씹어보았다. 한쪽으로 통일하는 것이 좋을까? 남성 화자를 그렇게 꽉 막힌 사람으로 설정하지는 않았지만, 아무리 생각해도 그가 여성을 '그'로 지칭하는 글쓰기를 하지는 않을 것 같았다. 어떻게 하면 좋을까. 결론을 내리지 못한 채로 노트북을 덮고 인스타그램을 켰다.

거북목 교정 베개 광고 사진과 지인의 저녁 끼니인 봉골레 파스타 사진 사이로 최정례 시인의 묘비 사진이 보여 스크롤을 멈추었다. 기사를 검색해보니 시인의 49재였다. 뉴스에서 부고를 읽고 황망히 시집을 꺼내본 것이 며칠 전 일 같기만 한데. 이번 겨울은 시간이 한 뭉텅이로 흘러가버린 것처럼 느껴졌다. 유독 부고가 많은 겨울이었다. 긴 터널을 지나온 것 같은 겨울의 끄트머리, 눈두덩과 이마 위로 두터운 피로가 쌓였다. 최정례 시인의 묘비에는 고인의 시 「숲」의 한 구절이 새겨져 있었다.

처음도 없고 끝도 없고 ↵
푸른 흔들림
너는 잠시 누구의 그림자니?⑲

김영글은 간밤의 꿈을 다시 생각했다. 눈앞에 철문이 있었다. 여기저기 녹이 슬어 있었다. 꿈쩍도 하지 않을 것처럼 보였는데 손잡이를 돌려보니 끼익 하는 소리도 없이 쉽게 열렸다. 그런데 열린 문 뒤에 또 하나의 닫힌 문이 있었다. 그 문을 열고 나가면 또 하나의 문이, 그리고 또 다른 문이……. 문 뒤에는 계속해서 다음 문이 있었다.

확률적으로 이 열림과 닫힘이 무한히 반복될 것이라는 판단이 꿈속에서도 들었지만, 그 사실을 안다고 해서 문을 열어보는 일을 그만두게 되지는 않았다. 그래서 어디에도 도착하지 못한 채로, 문을 열기만 하면서 계속 한발씩 나아가다 잠에서 깬 것이었다.

야간산행

주차장의 희미한 불빛이 더는 등 뒤를 따라오지 않을 무렵, 헤드랜턴을 꺼내서 이마에 꼈다. 랜턴이 쏘아 보내는 광선이 2미터 앞의 돌부리까지 비춰주었다. 나는 이마에 또 하나의 밝은 눈이 돋아난

것처럼 힘이 났다.

약수터를 지나 본격적으로 가파른 등성이로 접어들자 땀이 나기 시작해서 운행용 점퍼의 겨드랑이 지퍼를 열어야 했다. 인적 없는 캄캄한 오솔길에 내 발자국 소리만 터벅터벅 울렸다. 잠시 멈춰 서면 잠든 짐승들의 숨소리도 들릴 것 같았다. 이따금 밤바람에 마른 나뭇가지들이 부대꼈다.

탁 트인 정상에 서니 찬 기운이 몸을 감쌌다. 매트를 깔고 앉아 보온병에 담아 온 감잎차를 마셨다. 산의 정상에서 내려다보이는 쪽은 서울의 경계를 짓는 외곽지역이었다. 도시는 부드러운 어둠을 담요처럼 덮고 깊은 잠에 빠져 있었다. 그러나 도시의 구석구석마다 아직 잠들지 못한 사람도, 또 벌써 하루를 시작한 사람도 있겠다는 생각이 들었다. 어쩌면 이 시각 영원한 잠의 품에 든 사람도 있을 터였다.

죽음에 이런 표현을 쓴다는 것이 이상할지도 모르지만, 돌이켜 보면 현의 죽음은 나에게 해독되지 않는 무엇이었다. 나는 신문에서 또는 책에서 읽은 죽음들, 멀지만 그래서 더 강렬하고 선명한 그 죽음들을 대하는 것처럼 정확한 언어로 사유할 수가 없었다. 그렇다고 해서 가족을 잃은 사람의 슬픔이나 상실감처럼 즉각적이고 익숙한 감정의 층위에 몸과 마음이 머물러지지도 않았다. 나에게는 모르는 무언가가 너무 많았고, 그 무언가는 아직 밝혀지지 않은 것이 아니라 원래 의미 너머의 것이라는 생각이 들었다.

그러나 그 모든 정념들이 무의미해지는 순간이 찾아오기도 한다. 내 곁을 떠난 사람이 어딘가에 다른 형태와 성질로서 존재한다는 것을 느낄 때다. 월요일 오전의 지옥철 맞은편에서도, 영화관의 어둠 속에서도, 길에서 만난 굶주린 고양이의 눈동자 속에서도, 잎을 떨군 나무의 단단한 가지들이 바람에 흔들리는 모습 속에서도 나는 현을 본다.

삶과 죽음이 멀리 떨어져 있지 않다는 느낌은 공포나 슬픔이 아닌 위안을 준다. 죽은 자들이 산 자들 속에 함께 있다는 생각. 변화하는 계절 속에서 그들의 얼굴을 발견함으로써, 그들의 이름을 잊지

않음으로써, 어제와 오늘, 오늘과 내일 사이에 다리를 놓을 수 있다는 생각. 삶이 그렇듯이 죽음도 한 번에 끝나는 일회적 사건이 아니라는 생각. 여러 시간대에 걸쳐 타인에게 자국과 흔적을 남기는 일이라는 생각. 죽음은 어디선가 불쑥 찾아오는 것이 아니라 삶 안에 처음부터 내재되어 있다는 생각. 그래서 함께 살아나가는 거라는 생각. 수많은 생각들이 두서없이 밀려들어 밤공기와 함께 나를 가득 채웠다.

멀리 보이는 주택가 골목에 쓰레기를 치우는 트럭이 느린 속도로 지나갔다. 큰길가에는 고장 난 가로등 하나가 깜박거렸다. 머지않아 동이 틀 것이었다. 아직은 어둠에 잠긴 도시를 내려다보다가, 문득 새로운 작업에 관한 아이디어가 생각났다. 오랜만에 좋은 사진을 찍을 수 있겠다는 생각이 들었다.

전시장에서

회의실 창턱에 놓인 화분에 새 움이 텄다. 식물의 이름은 모르겠지만 전시기획실의 막내 프로젝트 매니저가 겨우내 애지중지 대하며 물을 주던 화분이었다.

며칠에 한 번씩 주는 거예요?

화분을 유심히 쳐다보다 내가 물었을 때 그녀는 싱거운 질문을 한다는 듯 웃으며 대꾸했다.

정해진 건 없어요. 물이 부족할 때 주면 돼요. ↵

부족한지 아닌지는 어떻게 알고요? ↵

작가님 식물 별로 안 키워보셨구나. ↵

몇 번 키워봤는데, 키우는 족족 죽더라고요. 물을 언제 줘야 하는지 감이 전혀 안 와서요. ↵

손가락을 심어보면 알죠. ↵

손가락을 심어요? ↵

흙 속에 한 마디 정도 넣어보는 거예요. 표면만 만져보고 말랐다고 물을 자꾸 주면 뿌리가 썩거든요. 흙 속에 손가락을 넣어보고, 촉촉하면 주지 말고요. 건조하다 싶으면 그때 주시면 돼요. 식물도 너무 많이 먹는 것보단 살짝 모자란 듯이 먹는 게 건강하대요. 바람이 잘 통하도록 환기를 자주 시켜주고요. 사실 사람하고 똑같아요.

나는 한 무더기의 길쭉한 뿌리가 되어 흙 속에 심겨 있는 스스로의 모습을 상상해보았다. 범죄영화에서 땅속에 산 채로 파묻히는 장면은 늘 공포스러웠는데, 식물의 입장이 되어보니 흙의 서늘한 촉감과 어둠이 공기처럼 편안하게 느껴졌다. 그 흙 속으로 손가락을 한마디 넣어보는 또 다른 나를 상상했다. 그래. 이 정도면 아직 괜찮은 것 같아. 나는 나의 뿌리가 다치지 않도록 조심스레 손가락을 빼고 손톱에 묻은 흙을 털어냈다.

창문 밖을 내다보니 벚나무 가지에도 군데군데 몽우리가 맺혔다. 끝날 것 같지 않게 지긋지긋하던 겨울도 작별을 고하고 있었다. 오늘은 올 들어 처음으로 길을 걸으며 정수리에 따뜻한 볕을 느꼈다.

사회적 거리두기 단계 격상에 따라 전시 일정은 한차례 더 연기되었다. 큐레이터는 어느새 만삭이 되었다. 회의를 마치고 그녀가 손바닥만 한 사진을 한 장 건넸다. 초음파 사진이었다. 아기는 건강하게 자라고 있었다. 발가락과 손가락을 꼬물꼬물 움직이며 안온한 물속을 떠나 미지의 세계로 나갈 준비를 하고 있는 듯했다. 아기는 곧 마주하게 될 세상에 대해 아무런 두려움도 의심도 없어 보였다. 그래서 걱정이 되면서 동시에 안심이 되었다. ↵

나는 지하로 내려가, 아직 아무 작품도 들여오지 않은 전시장을 훑어보았다. 공기 충전재 포장을 반쯤 풀다 만 거울이 벽에 기대어 있었다. 큐레이터가 지난달에 주문제작할 예정이라고 말했던 흑경인 듯했다. 조명을 켜지 않았을 때에도 앞에 있는 사물을 은은하게 비추어주는 검은색 거울. 윤석남 작가의 작품이 놓일 공간의 일부 벽면에 설치할 예정이라고 했다. 나는 나뭇조각들의 뒤편으로 개의 뒤통수가 어른거리는 모습을 잠시 떠올려보았다.

언제 다시 문을 열게 될지는 알 수 없지만, 아무런 근거나 이유도 없이, 그리 오래 걸리지는 않을 거라는 예감이 들었다. 그리고

나도 곧 새 작품을 완성할 수 있을 것이다.

전시장의 불을 껐다. 익숙한 어둠이 모습을 드러냈다. 어둠이 벽을 지우고, 흑경을 지우고, 바닥을 지우고, 무수한 먼지 입자들이 춤추듯이 산란하게 떠도는 허공도 지웠다. 그러자 어둠 속에서 무엇인가 희미하게 빛나기 시작했다. 나는 제자리에 우두커니 서서 그 빛을 오랫동안 바라보았다.

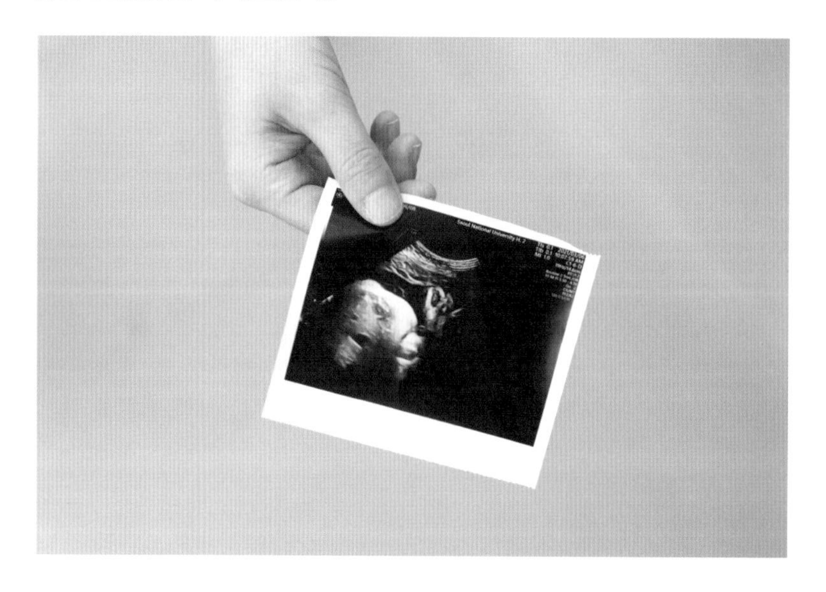

텍스트 출처

16쪽 ① 수전 손택, 이재원 옮김, 『은유로서의 질병』(이후, 2002)
17쪽 ② 알베르 카뮈, 최윤주 옮김, 『페스트』(열린책들, 2014)
18쪽 ③ 손성원, 「런던 한복판에서 아시아인 폭행… "코로나 싫다"」(한국일보, 2020. 3. 3.)
19쪽 ④ 조은비, 「베트남서 코로나19로 희생되는 '검은 고양이'」(아유경제, 2020. 4. 29.)
23쪽 ⑤ 송용준, 「네덜란드 이어 덴마크 농장서 밍크 코로나19 감염 살처분」(세계일보, 2020. 6. 18.)
26쪽 ⑥ W. G. 제발트, 배수아 옮김, 『현기증. 감정들』(문학동네, 2014)
28쪽 ⑦ Charlie Brooker, *The dark side of our gadget addiction*(The Guardian, 2011. 12. 1.)
35쪽 ⑧ 정희진, 『정희진처럼 읽기』(교양인, 2014)
41쪽 ⑨ 칼 세이건, 홍승수 옮김, 『코스모스』(사이언스북스, 2006)
43쪽 ⑩ 김상욱, 『떨림과 울림』(동아시아, 2018)
43쪽 ⑪ 우란문화재단, 『화이트 랩소디』(우란문화재단, 2019)
48쪽 ⑫ Bill Chappell, *Earth Sees First Image Of A Black Hole*(NPR, 2019. 4. 10.)
58쪽 ⑬ 묵자, 최환 옮김, 『묵자』(을유문화사, 2019)
79쪽 ⑭ 블라디미르 나보코프, 김승욱 옮김, 『나보코프 문학 강의』(문학동네, 2019)
86쪽 ⑮ 권혜원, 「유령과 괴물들의 풍경」 내레이션에서
108쪽 ⑯ 김계원, 「과학적 관리에서 사진의 위치」(중앙대학교, 2002)
116쪽 ⑰ 정윤주, 「영국서 발견된 흑조, 씻겨보니 '잉크 물든 백조'」(YTN PLUS, 2021. 2. 19.)
131쪽 ⑱ 정이삭의 이메일에서
133쪽 ⑲ 최정례, 「숲」, 『붉은 밭』(창작과비평사, 2001)

이미지 출처

냉동인간	11쪽 © Alexander Maria Lohmann
만년필	12쪽 © 홍철기 사진(우란문화재단 제공)
전염병	14쪽 © Centers for Disease Control 15쪽 © Wikimedia Commons 17쪽 © NIAID/ CC by 2.0
아담의 사과	19~21쪽 초음파 사진(김영글 제공) 22쪽 © Warder, J. A., *American pomology: Apples*(1867)
재택근무	25쪽 © 홍철기 사진(우란문화재단 제공)
블랙 미러	28쪽 © 2020 ZER01NE. 조호영, 「Stand Still」(2020). 컨베이어 장치에 35센티미터 공, 50 × 200 × 100 cm. ARSIO 기술협력, 아키타입서울 기획전 「닥터 스트레인지러브」 전시
노아의 말	30쪽 © William Makepeace, Thackerayana(1875) 34쪽 © Cambell David, *Illustrations of prophecy: particularly the evening and morning vision of Daniel, and the apocalyptical visions of John*(Facsimile, 1840)
만남과 헤어짐	37쪽 김영글 제공 39쪽 © 홍철기 사진, 김소연 손글씨(우란문화재단 제공)
어둠 속의 접촉	40쪽 © Smithsonian Institution, *Bulletin*(1901) 42쪽 © NASA
손때	45쪽 © Wikimedia Commons 46쪽 © Adobe Stock
블랙홀과 웜홀	47쪽 © Adobe Stock 48쪽 © EHT Collaboration/ European Southern Observatory 50쪽 © C&O Nursery, *Columbia & Okanogan Nursery Company: fall 1952 spring 1953*(Columbia & Okanogan Nursery Company, 1952)
시간과 방	52, 53쪽 © 우정수, 「시간과 방」(2015). 종이에 잉크, 122 × 174 cm
어두운 방	56쪽 © Christof Hoppe, *Interactive Structure-from-Motion*(Graz University of Technology, 2014) 57쪽 © Nicéphore Niépce 58쪽 상단 © NSSC

먹 만드는 사람	62쪽 © 연합뉴스 63쪽 © 윤남용 사진(우란문화재단 제공) 65쪽 © 정기훈 사진(우란문화재단 제공)
검은 흙	67쪽 © 박용수 사진(민주화운동기념사업회 제공)
방화범	69쪽 © New York Review of Reviews Corp, *Review of reviews and world's work*(1890)
쿠로 신드롬	72쪽 © Studio Ghibli Inc. 74쪽 © Wikipedia 76쪽 © 2021 The Andy Warhol Foundation for the Visual Arts, Inc.(SACK 제공) 78쪽 © openculture.com. 1940년대 말 나보코프의 코넬대학교 강의를 위한 노트의 첫 페이지 79쪽 © Benton County Nursery Co, *1939 Catalog: Latest Offerings of Seeds And Plants*(1939) 81쪽 © John William Waterhouse, *Sleep and His Half-Brother Death*(1874). Oil on Canvas 82쪽 © Jeff Widener, AP
큐레이터의 오후	84쪽 © South Tyrol Museum of Archaeology/ Eurac/ Samadelli/ Staschitz
동굴로 들어간 사람들	87~89쪽 © 권혜원, 「유령과 괴물들의 풍경」(2019). HD비디오, 6채널사운드, 8분 32초
우표를 들여다보며	91쪽 김영글 제공 92쪽 © Providence Lithograph Company. 1906년에 발행된 성경 카드 중 「창세기」 1장 27절에 해당하는 도판 93, 97쪽 © 김영글, 「언포스티드 레터스」(2019). 수집한 멸종 동물 우표와 성경 카드, 종이에 피그먼트 프린트 및 콜라주, 350 × 370 mm 99쪽 상단 © James St. John/ Flickr/ CC by 2.0 99쪽 © Io Herodotus
병원	103쪽 © 김영글 제공
블랙박스	106쪽 상단 © 「"블랙박스 찾아라" 미수색함 증파」(조선일보, 1983. 9. 15.) 106쪽 하단 © AP/ theatlantic.com 107쪽 Ⓢ Eadweard Muybridge 108쪽 Ⓢ Alphonse Bertillon 109쪽 Ⓢ Duchenne de Boulogne 110쪽 © Paul Ekman, *Unmasking the Face*(Englewood Cliffs, 1975) 111쪽 © 우에타 지로 사진. 언메이크랩, 「페이셜 코딩」(2017). 디지털 출력 112쪽 © NASA 113, 114쪽 언메이크랩, 「생태계」(2020). 실시간 퍼포먼스 영상, 10분

쓰기와 읽기	117쪽 © 이수진, 「소리 내 읽어주세요」(2019). 종이에 타이핑, 295 × 210 mm
개의 얼굴	121쪽 © 손민아 사진. 윤석남, 「1025」(2003~2008). 가변설치, 나무에 아크릴릭
수장고에서	122쪽 김영글 제공
어떤 설계안	124, 127쪽 © 정기용 스케치(기용건축 제공) 126쪽 © 홍철기 사진(우란문화재단 제공). 에이코랩(a.co.lab) 제작, 정기용 건축가의 제주 4.3평화공원 설계안을 참고로 재해석한 건축 모형(2021), 스티로폼 석고붕대 현무암조각, 83 × 118 × 18 cm
검은 지도	128쪽 © 정이삭, 스케치(2021). 디지털 드로잉, 가변크기 129쪽 © 정이삭, 「옳은 재현과 이해의 불가함에 대한 체감 장치」(2021). 디지털 이미지, 가변크기
혹	131쪽 작자 미상
전시장에서	137쪽 © 홍철기 사진(우란문화재단 제공)

노아와 슈바르츠와 쿠로와 현

글.
김영글
편집.
김미래(쪽프레스)
디자인.
김형진(워크룸)
총괄기획.
장윤주(우란문화재단)
진행.
김제희(우란문화재단)

자문.
김융희(미학)
이용우(미디어역사문화)
자료제공.
권혜원, 언메이크랩, 우정수, 윤석남,
이수진, 정기용, 정이삭, 조호영, 한상묵
협력.
기용건축

1판 1쇄 발행.
2021년 11월 5일
2쇄 발행.
2022년 5월 31일

펴낸이.
김영글
펴낸곳.
돛과닻
등록.
제2019-000091호
주소.
서울시 은평구 증산서길 101-6 201호
전화.
010-3680-1791
전자우편.
sailandanchor.info@gmail.com
sailandanchor.net
instagram@sailandanchor

19,000원
ISBN 979-11-968501-5-9

이 책은 우란문화재단의 지원을 받아
만들어졌습니다.